湖北省博物館

HUBEI PROVINCIAL MUSEUM

编委会

主　任：

方　勤　万全文

副主任：

王先福　何　广　罗运兵

委　员：（以姓氏笔画为序）

万全文　方　勤　王晓钟　邓佳平　江旭东　何　广　杨理胜

罗运兵　周松峦　钱　红　蔡路武　曾　攀

图录主编：

方　勤　万全文

图录副主编：

曾　攀（执行）　杨　辰

展览内容负责、撰稿：

杨　辰　曾　攀

展览形式负责、现场管理：

黄翀宇

文物布展管理：

程　陶　要二峰

项目管理：

姚　嫄　余珮瑶　汤文韵　王圆圆

考古资料支持：

黄凤春　郭长江　胡　刚

文物保管：

蔡路武　王晓钟　翁　蓓　赵　雄　胡　百　辛　月　张　晗

文物保护：

周松峦　江旭东　李　玲　卫扬波　方　晨　陈亦奇　胡　涛　张晓珑

摄　影：

郝勤建　余　乐　金　陵

本书为 2021 年度国家社会科学基金重大项目"湖北随州枣树林春秋曾国墓地考古发掘资料的整理和研究"（项目批准号 21&ZD236）阶段性成果

曾世家

考古揭秘的曾国

湖北省博物馆 —————— 编

文物出版社

图书在版编目（CIP）数据

曾世家：考古揭秘的曾国 / 湖北省博物馆编. --
北京：文物出版社, 2023.2
　　ISBN 978-7-5010-8014-4

　　Ⅰ. ①曾… Ⅱ. ①湖… Ⅲ. ①文物—湖北—图集
Ⅳ. ①K872.630.2

中国国家版本馆CIP数据核字（2023）第055696号

曾世家——考古揭秘的曾国

编　　者　　湖北省博物馆

责任编辑　　王　伟
责任印制　　张道奇

出版发行　　文物出版社
社　　址　　北京市东城区东直门内北小街2号楼
邮　　编　　100007
网　　址　　http://www.wenwu.com
经　　销　　新华书店
制版印刷　　天津图文方嘉印刷有限公司
开　　本　　889mm×1194mm　　1/16
印　　张　　15.75
版　　次　　2023年2月第1版
印　　次　　2023年2月第1次印刷
书　　号　　ISBN 978-7-5010-8014-4
定　　价　　468.00元

序

　　湖北地处长江中游，是文物大省，文脉绵延、物华天宝。习近平总书记指出："荆楚文化是悠久的中华文明的重要组成部分，在中华文明发展史上地位举足轻重。"湖北省博物馆是全省最重要的文物收藏、研究、展示、教育机构，是弘扬荆楚文化的阵地和展示荆楚文明的窗口。

　　2007年建成使用的湖北省博物馆一、二期工程馆舍面积4.96万平方米，展厅面积13427平方米，已经不能很好满足博物馆功能实际需求。在湖北省委、省政府的高度重视下，省博物馆三期扩建工程自2011年启动，到2021年12月20日对外开放，历经十年建设。新馆全面建成后，省博物馆总建筑面积达11.4万平方米、展览面积达3.6万平方米，文物保护、展陈能力大幅提升，将有力推动湖北文博事业跨越式发展。

　　习近平总书记指出"博物馆是保护和传承人类文明的重要殿堂，是连接过去、现在、未来的桥梁。"为全面反映荆楚历史文化，湖北省博物馆按照"全国领先、国际一流"的定位，确立了"彰显荆楚文化魅力、展示湖北文明发展历程、突出馆藏文物特点、体现最新学术研究成果"的展览理念，推出了"曾侯乙""楚国八百年""曾世家——考古揭秘的曾国""越王勾践剑特展""梁庄王珍藏——郑和时代的瑰宝""天籁——湖北出土的早期乐器"六个常设展览。

　　"曾侯乙"是湖北省博物馆最重要的展览，新版"曾侯乙"展览极大扩充了展览面积，以曾侯乙编钟陈列为中心，多角度阐释曾侯乙文物，体现古代的礼乐文明，凸显文物艺术特色。"楚国八百年"是新设展览，展览以文化展为基本定位，分为"开疆拓土""礼俗百业""惊采绝艳""上下求索"四个部分，打破以材质为主要门类的叙述脉络，吸收新的研究成果，增加楚国历史知识，突出楚人"筚路蓝缕""一鸣惊人"的精神内涵，从物质到精神、从文献到文物，全面展示楚国的历史和文化。曾国考古是湖北省近年来成果最多、社会关注度最高的考古发现之一。"曾世家——考古揭秘的曾国"展览通过叶家山、文峰塔、郭家庙、苏家垄等重大考古发现出土文物为观众展示考古破解曾国之谜的过程。"越王勾践剑"设立专馆展出，详细介绍其背后的历史故事、科技成就。"梁庄王珍藏——郑和时代的瑰宝"展览以海上丝绸之路为历史背景，分"天潢贵胄""珠围翠绕""丝路撷珍"三个部分，展示明代贵族宫廷生活和海上丝绸之路带来的中西文化交流。省博物馆馆藏音乐文物极具特色，"天籁——湖北出土的早期乐器"展览通过从新石器时代到战国时期的出土乐器反映早期人类对天地、自然认识的进步和音乐艺术的发展。

湖北省博物馆将以新馆开馆为契机，全面提升专业水平，加强对外交流合作，不断丰富展览、教育、文创内容，深入阐发荆楚文化、长江文明的历史内涵和时代价值，更好满足人民美好生活需求，积极融入经济社会发展进程，全面服务国家发展战略。

为配合新馆展览，湖北省博物馆出版本系列图录，意图使读者和观众系统了解湖北历史文化和考古发现，更好地传播弘扬荆楚文化，讲好湖北故事。

湖北省博物馆馆长
湖北省文物考古研究院院长

目录

叶家山曾国墓地高等级贵族墓葬的器用

——从 M28 青铜器谈起

○ 陈丽新

湖北随州叶家山西周早期曾国墓地，经过2011、2013年两次发掘，得到较为全面的揭露。墓地保存完整，清理的140座墓葬几乎没有被盗。发掘者在第一次发掘完成后，即开始进行整理和发表相关考古简报，至今墓地重要墓葬的主要资料基本都已报道[1]，从而使得该墓地自发现之日起即引起学界极大关注和持续研究。名不见经传的曾国，通过五十多年的田野考古工作，构建起了其历史文化的主要发展脉络[2]，叶家山西周早期曾国墓地是其中重要、关键的一环。

叶家山 M28 是墓地三座曾侯墓葬之一。M65、M28、M111 三座曾侯墓自北向南分布于墓地中心位置，关于它们的早晚关系，学界有自北往南和自南往北早晚排列的两种截然相反的认识[3]（图一）。但是，不管哪种认识更符合墓地墓葬的实际分布状况，M28 都是居于中间，起着承前启后作用的重要墓葬，因此，对 M28 出土材料的深入研究对探讨叶家山墓

---

1 湖北省文物考古研究所、随州市博物馆：《湖北随州叶家山M65发掘简报》，《江汉考古》2011年第3期。湖北省文物考古研究所、随州市博物馆：《湖北随州叶家山西周墓地发掘简报》，《文物》2011年第11期。湖北省文物考古研究所、随州市博物馆：《湖北随州叶家山西周墓地》，《考古》2012年第7期。湖北省文物考古研究所、随州市博物馆：《湖北随州叶家山第二次发掘的主要收获》，《江汉考古》2013年第3期。湖北省文物考古研究所、随州市博物馆：《湖北随州叶家山M28发掘简报》，《江汉考古》2013年第4期。湖北省博物馆、湖北省文物考古研究所、随州市博物馆编：《随州叶家山——西周早期曾国墓地》，文物出版社，2013年。湖北省文物考古研究所、随州市博物馆：《湖北随州叶家山M107发掘简报》，《江汉考古》2016年第3期。湖北省文物考古研究所、随州市博物馆：《湖北随州叶家山M111发掘简报》，《江汉考古》2020年第2期。湖北省文物考古研究所、随州市博物馆：《湖北随州叶家山西周墓地126号墓的发掘》，《考古学报》2021年第4期。

2 方勤：《曾国历史与文化——从"左右文武"到"左右楚王"》，上海古籍出版社，2019年。

3 张昌平：《叶家山墓地相关问题研究》，湖北省博物馆、湖北省文物考古研究所、随州市博物馆：《随州叶家山——西周早期曾国墓地》，文物出版社，2013年，第270~284页。朱凤瀚：《叶家山曾国墓地大墓之墓主身份与曾侯與钟铭》，湖北省文物考古研究所编《曾国考古发现与研究》，科学出版社，2018年。陈丽新：《也谈叶家山曾侯墓葬的排序问题》，《故宫博物院院刊》2020年第2期。任雪莉：《叶家山曾国墓地"分器"现象与墓葬年代另探》，《陕西师范大学学报（哲学社会科学版）》2015年第11期。王恩田：《曾侯與编钟与曾国始封——兼论叶家山西周曾国墓地复原》，《江汉考古》2016年第2期。张天恩：《试论随州叶家山墓地曾侯墓的年代和序列》，《文物》2016年第10期。张天宇：《叶家山墓地曾侯墓排序新论》，《江汉考古》2021年第5期。

地相关问题就显得尤为重要。以青铜礼器为主的铜质器物是M28随葬品中的大宗，本文即试从M28出土青铜器（包括铜原料）角度，在前人研究的基础上再作一点分析探讨。

一

叶家山M28发掘简报着重报道了墓葬出土的青铜器，共606件，按用途分为礼器、兵器、车马器、工具、原料及其他[4]。礼器是其中最为重要的部分，共27件，保存较好，分属食器、酒器、水器。这些礼器制作规整精美，从种类到器用都是西周早期典型范式，而且大部分有铭文（表一~三）。周初延续商代晚期已基本形成的"重酒重食"器用形态，并有进一步的发展，食器组合不断加强，酒器组合更加完善，水器组合渐逐固定。这在叶家山墓地表现得非常明显，从M28随葬青铜礼器亦可窥见一斑（图二）。

M28有食器14件，分别是鼎7、簋4、鬲1、甗1、匕1，在三类礼器中是数量最多的，占到全部青铜礼器的一半以上。M28也是墓地鼎数较多的墓葬之一，7件鼎分为3件小方鼎、2件圆鼎、2件分裆鼎。圆鼎、分裆鼎和2件小方鼎均有铭文"曾侯谏乍宝彝"，每型两两成组，每组器形、纹饰、大小一致。另一件小方鼎铭文为"曾侯乍宝鼎"，纹饰、大小与上述2件小方鼎不同。4件簋，2件有铭文"曾侯谏乍媿宝尊彝"，亦成组。另外1件"曾侯谏乍宝彝"簋、1件兽面纹簋形制、大小各异。因墓葬等级高，食器组合中增加了鬲和甗各1件，甗形体较高大。食器以鼎簋组合为主，二者总数达11件。7件鼎中有3件小方鼎，方形器随葬是商周墓葬等级较高的标志之一。M28出土的14件食器从数量、种类、组合等各方面来看，均是随葬礼器中最主要的部分。不过，尽管食器中鼎簋数量较多，但其形态并不成列。

酒器有尊2、卣2、爵2、觚1、觯1，简报把一件"曾侯谏乍宝彝"盉也列为酒器，还有一件出土时置于铜觚内的铜棒形器，故共10件。酒器的基本组合是以爵觚觯为主，可以看出商代占主流的爵觚组合在周初仍较流行，特别是在等级较高贵族墓葬中，但觯已明显成为基本组合中的一员。这种情形在叶家山墓地普遍存在，体现了商人爵觚组合向周人爵觯组合的转变。周初高等级贵族墓葬中随葬尊卣的酒器组合已十分盛行并趋于稳定搭配，这也是墓葬等级是否较高的评判标准之一。一般是一尊配一卣，有的一尊配二卣，等级更高的墓葬往往会有两套尊卣。尊卣虽然器形不同，但如果作器者为同人，除有相同的铭文外，往往尊卣的装饰风格极为相似，主要表现在纹饰、扉棱、附件等方面。成套尊卣如果有二

4　湖北省文物考古研究所、随州市博物馆：《湖北随州叶家山M28发掘简报》，《江汉考古》2013年第4期。

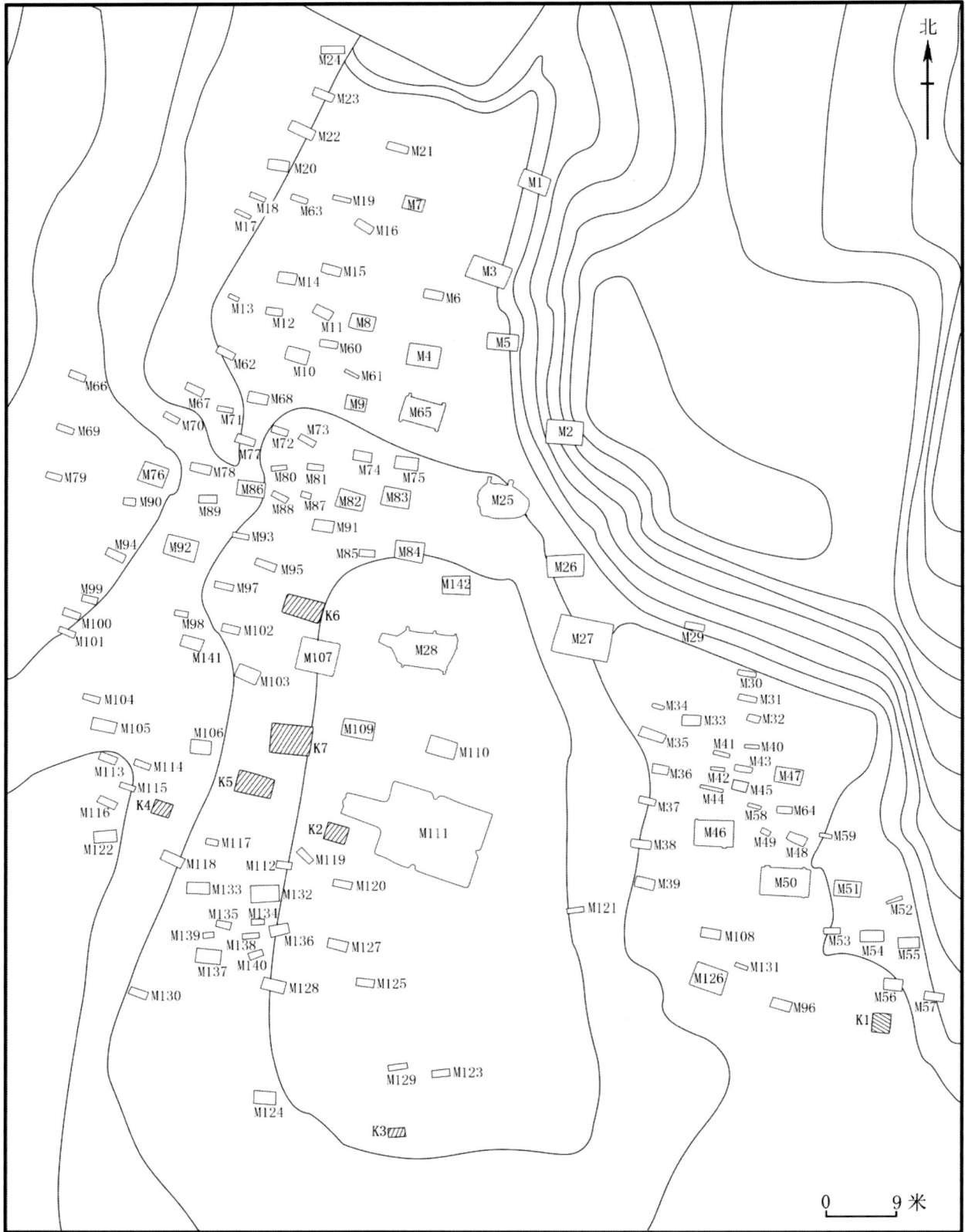

图一　叶家山墓葬分布图

表一　M28出土食器

器名	编号	尺寸（厘米）	铭文	备注
方鼎	M28:157	近同于 M28:165	曾侯谏乍宝彝	
	M28:165	通高 23.6、内口径 15.3×12.3	曾侯谏乍宝彝	
	M28:156	通高 20.8、内口径 14.4×10.9	曾侯乍宝鼎	带盖
圆鼎	M28:152	近同于 M28:164	曾侯谏乍宝彝	
	M28:164	通高 29.4、口径 21.4～21.6	曾侯谏乍宝彝	
分裆鼎	M28:158	近同于 M28:181	曾侯谏乍宝彝	
	M28:181	通高 23、口径 15.6～15.8	曾侯谏乍宝彝	
簋	M28:162	通高 17.8、口径 21	曾侯谏乍宝彝	
	M28:155	通高 16.8、口径 19.6		
	M28:153	近同于 M28:154	曾侯谏乍媿宝尊彝	
	M28:154	通高 13.3、口径 17.9	曾侯谏乍媿宝尊彝	
鬲	M28:151	通高 15.7、口径 12～12.2	曾侯乍宝尊	
甗	M28:159	通高 50.6、釜口径 33	曾侯用彝	
匕	M28:179	通长 28		

表二　M28出土酒器

器名	编号	尺寸（厘米）	铭文	备注
尊	M28:174	通高 30.2、口径 23.8	曾侯谏乍媿宝尊彝	
	M28:173	通高 26.8、口径 19.8		
卣	M28:167	通梁高 34.8、口径 12.5×10.1	曾侯谏乍媿宝尊彝	纹饰同于 M28:169
	M28:169	通梁高 43.4、口径 14.8×12.2	曾侯谏乍媿宝尊彝	纹饰同于 M28:167
盉	M28:166	通高 30、口径 13.6	曾侯谏乍宝彝	
爵	M28:171	通高 19.7、口径 8	父辛	
	M28:172	通高 19.9、口径 8.4	父辛	
觚	M28:170	通高 23.5、口径 14.1		
觯	M28:168	通高 12.6、口径 6.6×7.8	（举）母辛	
棒形器	M28:176	残长 17.8		插于 M28:170 觚中

表三　M28出土水器

器名	编号	尺寸（厘米）	铭文	备注
罍	M28:177	通盖高 42.5、口径 17.1		
盘	M28:163	通高 14.8、口径 33.6	曾侯谏乍宝彝	
壶	M28:178	通高 46.5、口径 8.9	曾侯谏乍媿肆壶	

图二　M28出土青铜礼器

卣，二卣除大小有差别外，其他完全一致。M28有两件尊，两件卣，根据铭文、纹饰、器形等，可以确定编号为 M28:174、有铭文"曾侯谏乍媿宝尊彝"的尊和两件一大一小同铭卣（编号为 M28:169、167）是成套的。这是曾侯谏为其媿姓夫人所作的一套酒器。可以看到尊、卣除相同的铭文外，三者装饰的主题纹饰均是云雷纹为地的成组顾首凤鸟纹（图三）。另有一件兽面纹尊（编号 M28:173），无铭文，腹部饰以云雷纹为地纹的兽面纹，一周两组，风格完全有别于前三者。根据上述尊卣组合的基本规则，这件尊明显是另外的一套，然而，M28中并未有第三件卣。周初贵族墓葬中随葬青铜礼器虽然没有形成西周晚期那样十分严格的鼎簋差级器用制度，但商末以来形成的固定器物组合基本是定式，特别是酒器的组合反而在周初得到加强。象 M28这样高等级的曾侯墓葬，酒器组合中单葬一件尊的情形是很少见的。简报报道 M28酒器出土时是"同置于一件漆案上，说明下葬时这些酒器是分类放置的"。从 M28墓坑俯视图中可以看到，在墓坑北二层台靠近东部，集中放置随葬的青铜礼器，其中近北壁的酒器是更集中置于一件漆案上，漆案虽已腐朽，但整个案面痕迹十分清楚，案面上的红黑漆皮、纹饰还很鲜亮。案上青铜酒器主要有尊2、卣2、爵2、觚1（内插一铜棒形器）、觯1、盉1，近挨着铜觚还有一件红色的漆觚，由此可见 M28随葬的酒器

1. 尊 (M28:174)

2. 卣 (M28:169)

3. 卣 (M28:167)

图三 "曾侯谏乍媿宝尊彝"尊卣

基本都是放在这件漆案上(图四)。漆案上的酒器分类、组合很清楚,一类是饮酒器爵2、觚2(含漆觚1件)、觯1;一类是盛酒器尊、卣、盉,其中"曾侯谏乍媿宝尊彝"一尊两卣,组合完整;另外的兽面纹尊和"曾侯谏乍宝彝"盉是否形成组合,不得而知。然而,在整理M28青铜礼器时可以发现把曾侯谏盉(M28:166)当作酒器是存在问题的。

铜盉在中国青铜时代出现的时间很早,二里头文化时期即已有了铜盉。早期的铜盉学界基本认同是酒器,至商时期随着青铜礼器的分类越来越明确,特别是青铜盘出现后,有学者认为盉是和盘配套使用,是水器[5],西周中期以后盘盉成为固定的水器组合。M28:166曾侯谏盉,器形为商末周初流行的三足分裆盉,一足上至颈部置一兽首弧形鋬,其正对的器身另一侧于颈部向上斜伸出一流,流上有一圆雕带瓶形角爬兽,兽首张口为流口,有盖,以一"8"字形连环连接鋬兽首,盖上有一圆雕兔形钮。纹饰十分繁缛精美,为这一时期流行的"三层花",盖及器身满饰云雷纹地纹,线条细密流畅;三足之上腹部均饰一半浮雕兽面纹,兽角形似牛角,上饰鳞片纹,兽面两侧以一变形夔纹代表躯体,颈部饰一周侧面牛纹,牛前蹄跪地两两相对,一周三组;盖上纹饰为相背的两组同于腹部的兽面纹,代表身躯的夔纹完全展开,盖上兽面纹相较于腹部兽面纹,更加舒展。在器鋬内侧正对的器腹上、盖内均有两行六字铭文"曾侯谏乍宝彝",三字一竖排,排列整齐,各字笔划清晰劲道,十分漂亮,堪称周初金文的佳作。整器庄重而又不失灵动,富丽却又典雅,是叶家山西周曾国墓地出土曾国青铜器中最为精美的一件,在周初青铜礼器中也是佼佼者(图五)。

曾侯谏盉装饰十分精美,其中颈部装饰的一周对跪牛纹在叶家山墓地青铜器中少见,此类纹饰另仅见于同墓出土的曾侯谏青铜盘上。曾侯谏盘(M28:163)器外腹饰一周两组对跪牛纹,牛纹亦是在细密的云雷纹地纹之上,以腹上附耳为界和圆雕小兽头为对称点。牛纹完全同于曾侯谏盉上牛纹,只是因盘腹幅面比盉颈部幅面长,其每组对跪牛纹为每边同向牛三条,以小兽头为中轴相对。曾侯谏盘形制、装饰十分精致,双附耳,高圈足,圈足在地纹上饰一周两

5 朱凤瀚:《中国青铜器综论》,上海古籍出版社,2009年,第931页表一〇·二、933页。

图四　M28出土酒器

组蝉纹，每组蝉纹亦以小扉棱为界，每边同向两只，两两对称（图六）。这件盘的形制和纹饰在叶家山墓地仅此一件，其装饰风格和精美程度可与曾侯谏盉比肩。同时，两器在铭文上也完全一致，均为"曾侯谏乍宝彝"。"曾侯谏乍宝彝"铭文器在墓地多座墓葬出土，器类也有多种，有鼎、簋、盉、盘，张昌平等曾论证过这批同铭器应为曾侯谏同批次铸造，且从器类到数量都是成套成组[6]。青铜盘作为商周青铜礼器之一，现代考古发现的最早实物是盘龙城遗址出土的年代属二里冈文化时期的青铜盘[7]，朱凤瀚认为是水器[8]，至商末周初盘已基本固定为水器。张昌平等根据铭文、纹饰也明确提出"曾侯谏乍宝彝"盘、盉是水器，是西周早期所形成的新的搭配形式[9]。可以推断曾侯谏盘盉在曾侯谏生前是作为相配的一组水器铸造的。但是，在M28青铜礼器摆放位置可以看到，"曾侯谏乍宝彝"盘是与鼎簋鬲甗等食器一起放置，而盉却与其他酒器共置一漆案上，表明曾侯谏盉可能是作为酒器随葬。在叶家山墓地M111有相同的情形，其青铜酒器尊、卣、爵、觚、觯（从漆案上滚落下来）等也都是放置在北二层台东北部紧贴北壁的一漆禁（案）上，盉（墓葬中仅此一件）置于其中[10]。紧靠漆案南侧稍偏西的二层台上放置的是斝、罍、壶、盘等其他酒器和水器（图七）。

6　张昌平、李雪婷：《叶家山墓地曾国铭文青铜器研究》，《江汉考古》2014年第1期。

7　湖北省文物考古研究所编著：《盘龙城——1963～1994年考古发掘报告》，文物出版社，2001年。

8　朱凤瀚：《中国青铜器综论》，上海古籍出版社，2009年，第931页表一○·二。

9　张昌平、李雪婷：《叶家山墓地曾国铭文青铜器研究》，《江汉考古》2014年第1期。

10　湖北省文物考古研究所、随州市博物馆：《湖北随州叶家山M111发掘简报》，《江汉考古》2020年第2期，图四。

关于 M28 的水器，除曾侯谏盘外简报将墓中出土的一件造型独特的罍和一件橄榄形壶均归为水器。经梳理 M28 青铜礼器和观察墓中礼器的陈放位置，可以看到这两件器物是紧挨在一起位于放置酒器的漆案西边，并与之有一定的距离。罍（编号 M28:177）装饰有十分繁复的衔环兽耳、高浮雕牛头等等，带盖。上腹饰有一周两组相对大涡龙纹，下腹饰兽面纹一周四组（图八）。类似 M28:177 这样的罍在叶家山墓地共出土了 5 件，器身装饰、纹饰基本相同，只是器盖有些差别。另 4 件是两两成对分别出于 M111、M27 中，虽无铭文但也应是成组器。罍在商周时期一直是酒器，同时参考 M111、M27 两墓各出的两件罍的情况，M28:177 罍似应归于酒器组合之中。M28 出土的橄榄形壶，器形修长带盖，颈部有对

图五　曾侯谏盉

图六　曾侯谏盘

图七　M111 出土酒器、水器

称的贯耳。盖沿和颈部贯耳所在位置均各饰一周四组龙
纹（图九）。此器形的壶在叶家山墓地共出土3件，另两
件分别出于M111、M27，纹饰略有差别，在墓葬中与
酒器、水器同置于一处。壶在商周时期大体为酒器，特
别是在西周中期以后，随着商末周初流行的酒器绝大部
分消失后，壶反倒被明确了酒器的地位，成为青铜礼器
中唯一的酒礼器。由于在M28中将成套的水器曾侯谏
盘盉分开在使用，将这件壶作为水器与盘搭配是有可能
的，不过，通过对比M111、M27中的盘、盉、壶或可
确定这种壶的性质。M111的盉也是作为酒器随葬，而
与盘同置一处的有两件壶，一件为橄榄形壶，一件为带
流带鋬的长颈圆腹壶，从器形看后者可能是与盘组合的
水器，前者则不一定。M27中的盘、盉组合齐全，橄榄
形壶不太可能作为水器使用。由此可见，叶家山橄榄形
壶应该还是酒器。

二

M28出土27件青铜礼器，其中有铭文者达到21件。
这些铭文主要为周初青铜器上常见辞例，以标识作器者
或作器者为谁作器，或是商晚期以来的日名族徽。根据
铭文内容，可将21件铭文器分为三类，一类为曾侯谏作
器；一类为无私名曾侯作器；一类为带日名族徽器。第
一类又可分为曾侯谏为自己作器和曾侯谏为其媿姓夫人
作器。曾侯谏为自己作器，铭文仅见"曾侯谏乍宝彝"，
M28出有圆鼎2、小方鼎2、分档鼎2、簋1、盘1、盉1，
多达9件。上述相同铭文、相同形制的鼎簋在墓地另外
多座墓葬有出土，圆鼎M65、M2、M3各出一件，小
方鼎M65出土一件，分档鼎M2出土2件，簋在M65亦
出土一件。M28出土曾侯谏为其媿姓夫人所作礼器，铭
文为"曾侯谏乍媿宝尊彝"的有簋2、尊1、卣2，铭文为
"曾侯谏乍媿肆壶"1件。与前者铭文相同器物在M2中
有簋2、甗1，其中2件簋与M28的2件簋形制、大小一

图八　M28出土铜罍

图九　M28出土橄榄形铜壶

致，应为相同的4件。M28随葬"曾侯"器，铭文为"曾侯乍宝鼎"方鼎1件，"曾侯乍宝尊"
鬲1件，"曾侯用彝"甗1件。M28带日名族徽青铜器有"父辛"爵2件、"母辛"觯1件，后者
有族徽"举"。

叶家山曾国墓地被发现后，即有学者讨论了墓地青铜礼器分器现象。黄铭崇等通过对
墓地带日名、族徽青铜器的梳理，提出叶家山曾国贵族随葬了周王朝分赐的商人青铜器[11]。
周初周人分赐商人青铜礼器文献多有记载，考古发现也证实了这一历史事实。在考古发掘
的周初诸侯国墓地常见西周贵族随葬商人的青铜礼器，叶家山等级较高墓葬普遍存在这一
现象。M28三件带日名族徽的饮酒器从形制到铭文判断，可能为周人分器中曾国贵族所得
商人器。墓地另外一个重要的分器现象是曾国青铜器在曾国内部的分葬，对此，学界也多
有讨论[12]。张昌平等通过对铭文、装饰风格、制作工艺等研究认为所有"曾侯谏乍宝彝"铭文
器是曾侯谏同期、同批次生产，这一认识无疑是正确的。叶家山墓地出土"曾侯谏乍宝彝"
铭文器共16件，器类有鼎、簋、盘、盉，然而这批器物在曾侯墓M28和M65，以及非曾
侯墓的M2、M3中均有出土，可见曾侯谏所作的这批器物并未全部葬入曾侯谏墓，而是分
葬于曾侯谏家族成员或是与曾侯谏关系密切的曾国贵族墓葬中。"曾侯谏乍媿"铭文器，尽
管铭文内容、字形有所不同，不一定为同时铸造，但均为曾侯谏为其媿姓夫人所作、器主
为曾侯谏媿姓夫人无异议。这批器物也没有完全葬入曾侯谏媿姓夫人墓M2中，4件簋中的
2件和成套的尊卣被葬入了M28曾侯墓中。叶家山三座曾侯墓和M27、M26均有无私名"曾
侯"作器，发掘者及学界基本认同这些曾侯铭文器非同一个曾侯所作。然而分析所有"曾侯"
器，仍可以看到如果曾侯作器有成套者，也存在分器的现象[13]。M28所出"曾侯乍宝鼎"小方
鼎，在M111中有一件（编号M111:80）。M111:80小方鼎器身和器盖不成套，器铭为"曾
侯乍宝鼎"，盖铭却为"曾侯乍宝尊彝鼎"。而"曾侯乍宝尊彝鼎"铭文小方鼎在M27中出土
了2件，M111出土3件，M27中一件器铭为"曾侯乍宝尊彝鼎"（编号M27:23），盖铭却
为"曾侯乍宝鼎"，可见M27:23"曾侯乍宝鼎"铭文盖为M111:80小方鼎的盖，而M111:80
的"曾侯乍宝尊彝鼎"铭文盖为M27:23的盖。由此可以推断"曾侯乍宝鼎"小方鼎分葬于
M28、M111，"曾侯乍宝尊彝鼎"小方鼎分葬于M27、M111，而两套小方鼎在未被葬入墓

11　黄铭崇：《从考古发现看西周墓葬的"分器"现象与西周时代礼器制度的类型与阶段》，《"中央"研究院历史语言研
　　究所集刊》第83本第4分，2012年。参见《叶家山西周墓地学术研讨会综述》，《江汉考古》2014年第1期。

12　张昌平、李雪婷：《叶家山墓地曾国铭文青铜器研究》，《江汉考古》2014年第1期。任雪莉《叶家山曾国墓地
　　"分器"现象与墓葬年代另探》，《陕西师范大学学报（哲学社会科学版）》2015年第11期。

13　陈丽新：《也谈叶家山曾侯墓葬的排序问题》，《故宫博物院院刊》2020年第2期。

葬之前，于曾侯家族内部有用混的情况[14]。

　　叶家山曾国铭文青铜器以及这些器物的分葬，对大墓墓主及墓主之间关系的判定十分重要。M28随葬曾国铭文器最多，器主也最多，不仅有曾侯谏自作器、曾侯作器，还有曾侯谏为夫人所作器，是三座曾侯墓中唯一情形如此的墓葬，因此M28与这些大墓都有直接或间接的关联，对解决各墓性质和关系也起到至关重要的作用。M28因为出土数量最多的曾侯谏自作器，有学者认为是曾侯谏墓，发掘者及较多学者则根据这些铭文器在不同墓葬中的分葬及墓葬诸多其他因素，认为M28非曾侯谏墓，M65才是曾侯谏墓。对此，孰是孰非，暂无十分明确的定论。上文简析了M28中随葬的曾侯谏盘盉是曾侯谏生前制作的一套完整的水器，而M28是将盉作为酒器随葬，将这套水器拆开在使用。周初许多高等级贵族墓葬，在青铜礼器器主比较杂乱的情形下，往往可以通过礼器的重要性以及相同器主特别是成组合的食酒器来判定墓主，比如灵台白草坡M1、M2中有成组的酒器尊卣，前者器主是潶伯，后者是奚伯，发掘者根据墓葬情况及两套尊卣在墓葬青铜礼器中的地位，认为M1墓主为潶伯、M2墓主为奚伯[15]，学界认同这一结论；叶家山M126出土了一套麻于尊卣，同时该墓还出有其他与麻于有关联礼器，尽管该墓还有一套一尊二卣，但这套尊卣明显是拼凑的，因此M126墓主最大可能是麻于[16]。M28出土的曾侯谏器虽多，然成组鼎簋并没有尽葬墓中，等级比较高的酒器组合一尊二卣却又是"曾侯谏乍媿宝尊彝"器，整个曾国青铜礼器群几乎是拼凑而成，不似M65、M111在这方面纯粹，因此从这一角度来看M28墓主是曾侯谏的可能性反而不大。叶家山墓地出土的"曾侯谏乍宝彝"青铜器，不仅分葬于以M28为主的几座曾侯、曾侯夫人墓中，而且器类仅见鼎、簋、盘、盉，不见酒器；"曾侯谏乍媿"青铜器的酒器尊、卣、壶都随葬于M28曾侯墓中，而不见于曾侯谏夫人墓M2内，M2仅有"曾侯谏乍媿"食器簋、甗。通过这些现象可以看到曾国包括曾侯在内的贵族生前使用的是一套礼器，死后随葬的又是一套礼器，即所谓的"生器"与"葬器"，二者在数量和器类上是不相同和不对等的。对此，张昌平等也做过深入讨论[17]。基于"生器"与"葬器"的认识，尽管曾侯谏媿姓夫人生前

14　湖北省文物考古研究所、随州市博物馆：《湖北随州叶家山M111发掘简报》，《江汉考古》2020年第2期。

15　甘肃省博物馆文物组：《灵台白草坡西周墓》，《文物》1972年第12期。甘肃省博物馆文物队：《甘肃灵台县白草坡西周墓》，《考古学报》1977年第2期。

16　湖北省文物考古研究所、随州市博物馆：《湖北随州叶家山西周墓地126号墓的发掘》，《考古学报》2021年第4期。凡国栋：《叶家山M126出土青铜器铭文简释》，湖北省博物馆编：《华章重现——曾世家文物》，文物出版社，2021年。

17　张昌平、陈丽新：《叶家山M107西周早期曾国墓葬"生器"与"葬器"的配置问题》，北京大学出土文献研究所编《青铜器与金文》，上海古籍出版社，2017年，第340～347页。

图一〇 "曾侯谏乍宝彝"圆鼎

能拥有成套食酒器,死后却只随葬了食器,是否可以推断M2的年代可能稍早于M28。

梳理以M28随葬器物为主的叶家山曾国铭文青铜器,可以看到曾国青铜礼器已有明确的成组成套生产,如成套的水器"曾侯谏乍宝彝"盘盉、酒器"曾侯谏乍媿宝尊彝"一尊二卣,食器鼎簋不仅器类、铭文相同,而且器形、纹饰、大小都是一致的。"曾侯谏乍宝彝"圆鼎5件(图一〇)、小方鼎3件、分裆鼎4件、簋2件,"曾侯谏乍媿宝尊彝"簋4件。尽管这些鼎簋在墓地出土的数量并非就一定是它们原有的数量,但据已有器形和数量仍可看出这些器物一方面沿袭了商代晚期对器的传统,一方面也为西周中期以后鼎簋列器的出现打下了基础。

三

数量上,M28青铜器以兵器和车马器为多,器类和器形为西周贵族墓葬中所常见者,然也出土了能体现墓主身份等级的特殊器物。如兵器中一件兽面纹钺,形制、纹饰甚是独特精美,于墓地其他墓葬所不见。器扁平呈铲形,方援、弧刃、平肩、直内,援中部饰兽面纹,宽面额,嘶牙咧嘴,面目狰狞,肩下援两侧为相向圆雕爬兽,顾首、兽脊有扉牙;内两侧呈扉棱状,中部饰填圆点纹的镂空变形云雷纹。通长19.8厘米(图一一)。青铜钺在叶家山仅见于M65、M28、M111三座曾侯墓中,这也是判断墓葬为曾侯墓的要素之一,只是M65、M111中均为半环形钺,张昌平曾论证这种钺为西周早期诸侯墓中代表身份的兵器,礼仪性更为强烈[18]。M28这件圆雕兽纹钺,器形与前两者不同,为钺常见形态,但装饰十分繁缛,援两侧的圆雕爬兽脊背、内两侧均有"C"形扉牙,近同于青铜礼器上的扉棱。类似

---

18 张昌平:《论半环形钺及其文化背景》,陕西考古研究院、上海博物馆编《两周封国论衡 —— 陕西韩城出土芮国文物暨周代封国考古学研究国际学术研讨会论文集》,上海古籍出版社,2014年,第196~206页。

形制的钺在弻国墓地竹园沟 M 13 有出土[19]。M 28 还出土了一件直径 31 厘米、重达 985 克的大型锡，锡是装配于漆盾之上用于防护的兵器，如此巨大厚重的锡在西周贵族墓葬中并不多见。车马器中有 4 套专门用来保护马的铜质马胄，形制相同，每套由 1 件鼻片和 1 件额片连缀而成，鼻片置于马嘴之上的两鼻孔间，长度在 18 厘米左右；额片置于马额前两眼间，长度在 26 厘米左右。额片和鼻片四周均有穿孔，从形制、结构看，额片和鼻片应连缀并与有机材质如皮甲等相连（图一二）。在 M 28 出土材料的后期整理中，发现从墓葬北二层台整体套取回实验室的 2 块卜骨之间，有一件钻和一件尖刃带槽刻刀（图一三）。根据与卜骨的共存关系及两件铜质器物的形制推定，二者应该是用于整治卜骨的专门工具。这样的情况，在 M 111 中也有发现。以往考古发掘也发现过同样的铜制工具和共存现象，但由于卜骨较难保存，关于它们的关系和具体用途并没有确切的说法，叶家山墓地的发现给予其较明晰合理的解释。

M 28 青铜器中一个重要的发现是出土了两件含铜量很高的铜锭，一为圆形，一为长方形（图一四）。铜锭为商周时期制造青铜器的铜原料为便于储存与运输而制成的特殊形式，非青铜器，但 M 28 出土的两件铜锭与青铜礼器共置一处，说明是作为礼器随葬的。圆形者直径 29.5 厘米，重 2.865 千克；长方形者长 36.3、宽 14.1 ~ 14.6 厘米，重 2.96 千克，二者含铜量均高达 98% 及以上。在 M 28 发掘之后于 M 111 中也发现了两件圆形铜锭，且重量远大于 M 28 的两件。叶家山两座曾侯墓随葬的铜锭，是迄今为止西周高等级贵族墓葬中首次发现，也是绝无仅有的。由于墓地出土了大量铸造精良的青铜礼器，同时两周时期曾国处于特殊地理位置，铜锭发现后引起了学界的关注和讨论。

墓地发掘者黄凤春等根据 M 28 和 M 111 出土铜锭、M 37 出土的孔雀石较早讨论了西周曾国铜器铸造和铜料来源等问题，认为西周早期曾国高度发达的青铜文化与铜绿山矿冶遗址有密切的关系，在中原中央王朝与长江中下游地区丰富的铜矿资源的关系上，曾国无论是生产技术，还是在铜及矿料的输入上都承袭了商代前期盘龙城的青铜文化模式[20]。对此，叶家山西周早期曾国青铜器周文化体系的特征和科技考古在某种程度上可能给予一定的支持，但最终定论并未形成。不过，两周时期曾国一直所在的随枣走廊是周王朝开发利用长江中下游地区铜矿资源的必经之路，从西周早期起曾国就承担着储备运输周王朝青铜原料

19　卢连成、胡智生：《宝鸡弻国墓地》，文物出版社，1988 年，第 73 页、图六〇。

20　黄凤春、黄建勋：《论叶家山西周曾国墓地》，湖北省博物馆、湖北省文物考古研究所、随州市博物馆编：《随州叶家山 —— 西周早期曾国墓地》，文物出版社，2013 年，第 262 ~ 269 页。

图一一　M28出土铜钺　　　　　　　　图一二　M28出土铜马胄

1.卜骨　　　　　　　　　　　　　2.钻　　　3.刻刀

图一三　M28出土卜骨、铜钻、铜刻刀

的重任应是情理之中的事。曾国自周初被封并一直居于今随枣走廊一带，以屏藩周之南土，到春秋时期成为"汉阳诸姬随（曾）为大"，后依附楚国直至战国中晚期被楚灭亡。传世青铜器曾伯桼簠记载的"克狄淮夷，抑燮繁汤，金道锡行"[21]，说明了曾国除守护开拓周之南土外，

21　屈万里：《曾伯桼簠考释》，《"中央"研究院历史语言研究所集刊》第三十三本，1962年。

1.圆形铜锭   2.长方形铜锭

图一四　M28出土铜锭

还是周王朝开发、运输长江中下游地区铜锡等矿产资源的重要通道。考古发掘找到了位于今湖北京山苏家垄春秋早中期曾国墓地的曾伯漆墓[22]，实证了周王朝通过曾国管理、控制随枣走廊，进而控制淮夷并掌控长江流域铜、锡资源的史实[23]。

　　1966年京山苏家垄出土了曾仲斿父青铜器群，从而开启了曾国的考古与发现。1978年在湖北随县发现了举世闻名的曾侯乙墓，气势恢宏的曾侯乙编钟，数以千计的精美绝伦、巧夺天工的青铜器等，让世人惊叹曾国灿烂辉煌的青铜文化。曾国不见于史籍，它从哪里来又到哪里去？叶家山西周早期曾国墓地的发现，为世人找到了曾侯乙最早的先辈！叶家山墓地是迄今考古发现的保存最为完整的西周早期诸侯国墓地，大量精美、具有鲜明周文化系统特征的曾国青铜器呈现了其姬姓的国属，也暗示了曾国自西周早期始即有丰富的铜矿资源和青铜铸造技术与传统。M28青铜器群以曾国青铜器为主，是西周早期曾国青铜器的重要代表，不仅为研究叶家山墓地青铜器、墓主关系、葬俗等，也为探讨曾国青铜器的发展起到了举足轻重的作用。

22　方勤等：《湖北京山苏家垄遗址考古收获》，《江汉考古》2017年第6期。

23　方勤：《曾国历史与文化——从"左右文武"到"左右楚王"》，上海古籍出版社，2019年。

曾国国君世系新论

○ 李晓杨　郭长江

本文认定的曾国国君是指考古学文化分期中每期墓葬中等级最高的墓葬的墓主，其应当是曾国同时期的政治统治者。其与曾侯的辩证关系则是，曾侯一定是国君，国君却不一定是曾侯。采用国君概念探讨曾国世系的原因：一是同时期墓葬等级最高的墓主应当是考古学在物质文化上客观反映的曾国实际统治者；二是东周时期政治关系较为复杂，曾国政治上的实际统治者既有可能是确切的曾侯也有可能是没有被册封为曾侯的曾国贵族或者等级僭越的贵族。

自 1966 年京山苏家垄出土"游父"器物群[1]和 1978 年曾侯乙墓[2]发掘以来，关于曾国国君的讨论不曾间断。进入 2010 年后，随着叶家山西周早期曾国墓地[3]、文峰塔春秋晚期曾国墓地[4]、郭家庙春秋早中期曾国墓地[5]、苏家垄春秋早中期曾国墓地[6]、枣树林春秋中期

1　湖北省博物馆：《湖北京山发现曾国铜器》，《文物》1972 年第 2 期。

2　湖北省博物馆编：《曾侯乙墓》，文物出版社，1989 年。

3　湖北省文物考古研究所、随州市博物馆：《湖北随州叶家山西周墓地发掘简报》，《文物》2011 年第 11 期。湖北省文物考古研究所、随州市博物馆：《湖北随州市叶家山西周墓地》，《考古》2012 年第 7 期。湖北省文物考古研究所、随州市博物馆：《湖北随州叶家山 M28 发掘报告》，《江汉考古》2013 年第 4 期。湖北省文物考古研究所、随州市博物馆：《湖北随州叶家山 M65 发掘简报》，《江汉考古》2011 年第 3 期。湖北省文物考古研究所、随州市博物馆：《湖北随州叶家山 M111 发掘简报》，《江汉考古》2020 年第 2 期。

4　湖北省文物考古研究所、随州市博物馆：《湖北随州市文峰塔东周墓地》，《考古》2014 年第 7 期。湖北省文物考古研究所、随州市博物馆：《湖北随州文峰塔墓地 M4 发掘简报》，《江汉考古》2015 年第 1 期。湖北省文物考古研究所、随州市博物馆：《随州文峰塔 M1（曾侯與墓）、M2 发掘简报》，《江汉考古》2014 年第 4 期。湖北省文物考古研究所、随州市曾都区考古队等：《湖北随州义地岗墓地曾国墓 1994 年发掘简报》，《文物》2008 年第 2 期。

5　方勤、胡刚：《枣阳郭家庙曾国墓地曹门湾墓区考古》，《江汉考古》2015 年第 3 期。长江文明馆等编：《穆穆曾侯：枣阳郭家庙曾国墓地》，文物出版社，2015 年。

6　方勤等：《湖北京山苏家垄遗址考古收获》，《江汉考古》2017 年第 6 期。湖北省文物考古研究所：《湖北京山苏家垄墓地 M2 发掘简报》，《江汉考古》2011 年 2 期。湖北省文物考古研究所：《湖北京山苏家垄墓群 M85 发掘简报》，《江汉考古》2018 年第 1 期。

曾国墓地[7]、文峰塔墓地[8]、擂鼓墩二号战国墓[9]等被发掘，新发现了曾侯犺、曾侯谏、叶家山 M 28 曾侯、曾公畎、曾侯宝、曾侯得、曾侯舆、文峰塔 M 4 曾侯[10]、曾侯丙等九位确切曾侯墓。关于曾国国君世系的讨论越来越频繁，学界讨论的焦点主要集中在以下几个方面：（1）叶家山存在两代还是三代曾侯，几位曾侯的年代顺序和具体墓葬归属；（2）"曾中游父"、"曾伯陭"与"曾伯霖"是不是属于曾侯；（3）擂鼓墩二号墓是不是曾侯墓；（4）几件采集或发掘所知曾侯私名者与墓葬的对应关系等。代表性研究有：张昌平先生认为"游父"是曾侯[11]；方勤先生认为凡是较高等级墓葬墓主均是曾侯，并认为曾国至少存在 20 位曾侯[12]；黄凤春先生认为只有铭文带"曾侯"二字者方为曾侯，并对 12 位曾侯进行排序[13]，王红星先生等也是持同样的观点[14]；黄尚明先生同意只有铭文带"曾侯"二字者，器主才是曾侯，并认为第一任曾侯是南宫括[15]；徐少华先生认为春秋晚期至战国早期的曾侯排序为曾侯昃、曾侯舆、曾侯郎、曾侯乙[16]。这些学者根据最新发现排列的曾侯世系，有相当多的观点为学术界所共识，即春秋中晚期到战国时期具有确切铭文的曾侯排序，曾公畎—曾侯宝—曾侯得—曾侯舆—曾侯乙—曾侯丙的世系是确定的。当然这些学者学术观点的差异在于或只讨论铭文上的曾侯，或将曾伯等贵族同于曾侯或国君来无限制扩大其等级。在总体观察整理已发掘的 500 多座曾国墓葬的基础上，本文通过梳理以往学者的认识，根据墓葬形制、规模和随葬品确定墓葬等级，从等级和分期的角度对墓主身份进行重新认定和排序。

7　湖北省文物考古研究所、北京大学考古文博学院、随州市博物馆等：《湖北随州枣树林墓地 2019 年发掘收获》，《江汉考古》2019 年第 3 期。湖北省文物考古研究所等：《湖北随州市枣树林春秋曾国墓地》，《考古》2020 年第 7 期。湖北省文物考古研究所、北京大学考古文博学院等：《湖北随州枣树林墓地 190 墓发掘报告》，《考古学报》2023 年第 1 期。

8　湖北省文物考古研究所、随州市博物馆：《随州文峰塔 M1（曾侯舆墓）、M2 发掘简报》，《江汉考古》2014 年第 4 期。湖北省文物考古研究所、随州市博物馆：《湖北随州文峰塔墓地 M4 发掘简报》，《江汉考古》2015 年第 1 期。湖北省文物考古研究所、随州市博物馆：《湖北随州市文峰塔东周墓地》，《考古》2014 年第 7 期。湖北省文物考古研究所：《湖北随州文峰塔墓地考古发掘的主要收获》，《江汉考古》2013 年第 1 期。

9　随州市博物馆编著：《随州擂鼓墩二号墓》，文物出版社，2008 年。

10　该墓出土青铜戈带有曾侯字样，可惜私名被损坏。为便于称呼，下文将一直称其为义地岗 M 4 曾侯。

11　张昌平：《曾国青铜器研究》，文物出版社，2009 年，第 329 页。

12　方勤：《曾国历史与文化：从"左右文武"到"左右楚王"》，上海古籍出版社，2019 年，第 129 页。

13　黄凤春：《曾侯世系编年的初步研究》，《湖南省博物馆馆刊（第十四辑）》，岳麓书社，2018 年。

14　王红星等：《曾侯世系辩正》，《长江大学学报（社会科学版）》2021 年第 3 期。

15　黄尚明：《曾侯世系考辨》，《华中师范大学学报（人文社会科学版）》2018 年第 6 期。

16　徐少华：《曾侯昃戈的年代及相关曾侯世系》，《古文字研究（第 30 辑）》，中华书局，2014 年。

一、国君等级墓葬的确认

目前，曾国已发掘的500余座墓葬均为贵族墓，不见平民墓。有学者根据曾公墓的发掘提出了曾侯及夫人墓的两条判断标准，即有墓道、椁室长宽在5米、4米以上[17]。我们同意此种意见，在义地岗墓群（包含文峰塔墓地、枣树林墓地、汉东东路墓地）发掘有身份确切的六位春秋中晚期和战国时期曾侯墓葬。这六座墓葬为我们探讨曾国国君墓葬的特征提供了标准，以此可以溯源并识别西周时期和春秋早期国君的墓葬。但是这两条标准显然不能准确反映国君墓葬的特征。除墓道和椁室面积可以反映墓葬等级外，墓室面积、棺的数量、随葬品类别和数量，如鼎的数量等，也能反映墓葬的等级特征。

本文按照墓葬葬制和铜鼎等数量将曾国墓葬分为高、中、低三个等级。高等级墓葬，居于墓地轴心位置，形制上带墓道，墓室和椁室面积均较大，两重棺或三重棺，随葬铜鼎七件及以上和随葬编钟。中等级墓葬，或居于墓地轴线位置，或临近高等级墓葬，不带墓道，墓室和椁室面积大，单棺或重棺，随葬铜鼎五件或三件。低等级墓葬，围绕在墓地高等级或者中等级墓葬周围，墓室和椁室面积均较小，单棺，随葬铜鼎一件或者随葬一两件其它类型铜器。

根据上述等级划分标准，高等级墓葬在曾国墓葬中数量稀少，形制独特，为国君等级墓。本文在叶家山墓地、郭家庙墓地、苏家垄墓地、义地岗墓群、擂鼓墩墓群中，识别出叶家山M65、M28、M111，郭家庙GMM17、GMM21、CMM1、CMM2，苏家垄M1（"游父"器群出土位置），义地岗墓群M190、M191、M168、M169、M129、M4、M2、M1、M18、M8，擂鼓墩M1（曾侯乙墓）、擂鼓墩M2等19座疑似国君等级的墓葬。为便于行文，下文在叙述中在墓葬号前用每个墓地的首个汉字来代替墓地名称。

二、国君等级墓葬分期

由于上述高等级墓葬随葬陶器、玉器等材料并未完全公布，所以曾国文化序列和国君世系的构建主要依靠铜器分期研究。本文根据墓葬的铜器组合、形制变化将这19座曾国高等级墓葬分为六期。

17　李永康：《春秋曾侯夫妇墓的认定与曾公求"至于桓庄"考》，复旦大学出土文献与古文字研究中心网站，http://www.gwz.fudan.edu.cn/Web/Show/4735。

一期，包括叶M65、叶M28、叶M111，随葬铜器组合以方鼎、圆鼎、簋、鬲、瓤、卣等为主。三座墓居于叶家山墓地中轴线上。墓道在墓室西侧。墓室、椁室在墓地中明显偏大，墓室面积17～113平方米，椁室面积6～13平方米。除M65外，其余两座墓葬为单棺。叶M65、叶M28均随葬有七件铜鼎，叶M111随葬有二十件铜鼎与一组编钟。

二期，包括郭GMM17、郭GMM21、郭CMM1、郭CMM2和苏M1（"游父"器群出土位置），随葬铜器组合以鼎、簋、鬲、壶、盘、匜、瓶、盉、豆等为主。几座墓葬依然居于所在墓地较高且居中的位置。墓道变换到墓室的东侧。伴随着随葬品位置从二层台转入椁室内，椁室面积普遍更大，一般墓室面积24～89平方米，椁室面积11～19平方米。棺室为重棺或单棺。该期墓葬被盗严重，多数墓葬不能明确其鼎的数量，苏M1出土有九件铜鼎。

三期，包括义M190、义M191，随葬铜器组合以鼎、簋、簠、鬲、壶、盘、匜、钟等为主。墓葬居于墓地较高且中轴的位置。墓道位于墓室的东侧。墓室面积40平方米左右，椁室面积16平方米，明显大于周围墓葬。棺室均为重棺。该期墓葬早期被盗，其随葬品的数量只能根据器物残片拼合后最低数量计算，M190随葬至少六件铜鼎和一套编钟，M191随葬有五件铜鼎。

四期，包括义M168、义M169、义M129，随葬铜器组合以无盖鼎、盖鼎、簋、簠、缶、鬲、壶、盘、匜、钟、舟等为主。墓葬位于第三期墓葬中轴线的南部，墓道位于墓室的东侧。墓室面积35～68平方米，椁室面积16～23平方米，明显大于周围墓葬。棺室均为重棺。该期墓葬被盗严重，其随葬品的数量只能根据征集器物统计其数量，义M168随葬有九件铜鼎，义M169随葬有七件铜鼎，两墓均随葬有编钟。

五期，包括义M4、义M2、义M1，随葬铜器以镬鼎、升鼎、簋、簠、缶、鬲、壶、盘、匜、钟、舟等为主。墓葬位于墓地中轴线的南端。墓道位于墓室的南部。墓室面积40～80平方米，椁室面积25平方米左右，明显大于周围墓葬。棺室均为重棺。墓葬内还附有腰坑、陪葬棺、祭祀坑等迹象。墓葬被盗严重，其随葬品的数量不详，M1随葬有至少两件鼎和编钟。

六期，包括擂M1、擂M2和义M18、义M8，随葬铜器组合以镬鼎、升鼎、小口提链鼎、盖鼎、簋、簠、缶、鉴、壶、鬲、盘、匜等为主。墓葬均位于单独的岗地（或为单独茔域），墓道位于墓室的南侧。墓室面积50～260平方米，椁室面积30～140平方米。椁室规模宏大，具有明显的功能分区。墓葬内附有腰坑、陪葬棺、祭祀坑等。该期墓葬随葬铜器数量极其多，擂M2随葬有十七件铜鼎（内含九件升鼎）和一套编钟，擂M1随葬有近二十件鼎（内含九件升鼎、九件盖鼎）和一套编钟。

三、国君墓墓主

根据19座高等级墓葬内出土铭文信息，其中12座墓葬墓主身份是学术界基本公认的，叶M111墓主为曾侯犺，郭GMM21墓主为曾伯陭，郭GMM17墓主为曾亘嫚，苏M1墓主为"游父"，义M190墓主为曾公，义M191墓主为芈渔，义M168墓主为曾侯宝，义M169墓主为芈加，义M129墓主为曾公得，义M1墓主为曾侯舆，义M18墓主为曾侯丙，擂M1墓主为曾侯乙。这12座墓葬中郭GMM17、义M191和义M169三座墓墓主为女性，不是国君墓。从曾国夫妻合葬墓布局变化可知，郭CM2为郭CM1的夫人墓，义M8墓主为义M18曾侯丙夫人墓，两者也不是国君墓。19座国君等级墓葬中可以确定的国君墓只有叶M111、郭GMM21、苏M1、义M190、义M168、义M129、义M1、义M18、擂M1九座墓。

其余六座国君等级墓葬或因为出土铭文指示不清产生较大争议，或因为墓葬内没有铭文信息而不明墓主身份。因出土铭文指示不清产生争议最大的是叶M65和叶M28墓主身份。两墓均出有"曾侯谏"铭文，显然只有一墓为曾侯谏墓。学术界经过多次讨论[18]，现多数较倾向于叶M65墓主为曾侯谏，并有学者根据墓地布局和叶M27出土铭文内容，认为叶M28墓主为曾侯白生[19]，本文支持该观点。叶M65与叶M28墓主身份的确定确实无法依据单一的铭文证据而得出，必须考虑墓地布局与墓葬间的年代关系等田野考古学证据。叶家山墓地国君墓从北到南有一显著特征，即三座国君墓葬规模逐渐变大。这一现象表明曾国国力日渐增强，也符合事物从弱小到强大的一般发展规律。这样来看，就像学者们指出的早的墓葬不可能出现较晚墓葬墓主的姓名，北面的叶M65年代稍早，其墓主为曾侯谏，叶M28年代稍晚，其墓主为国君白生。

还有四座墓葬皆因没有出土铭文而产生争议。关于擂M2的墓主身份，学术界主要有

18　段姝杉、陈丽新：《叶家山西周墓地国际学术研讨会综述》，《江汉考古》2014年第1期。李伯谦：《湖北随州叶家山西周墓地笔谈》，《文物》2011年第11期。张昌平：《论随州叶家山墓地M1等几座墓葬的年代以及墓地布局》，《中国国家博物馆馆刊》2012年第8期。张懋镕：《谈随州叶家山西周曾国墓地》，《出土文献（第三辑）》，中西书局，2012年。朱凤瀚：《叶家山曾国墓地诸大墓之墓主人关系再探讨》，《青铜器与金文（第一辑）》，上海古籍出版社，2017年。张天恩：《试论随州叶家山墓地曾侯墓的年代和序列》，《文物》2016年第10期，

19　冯时：《叶家山曾国墓地札记三题》，《江汉考古》2014年第2期。方勤：《曾国历史与文化：从"左右文武"到"左右楚王"》，上海古籍出版社，2019年。

两种观点：一种认为该墓主为一代国君[20]；一种认为该墓主为擂M1墓主曾侯乙的夫人[21]。从义M18与义M8的夫妇墓布局看，夫人墓位于国君墓的东北方位，且距离较近，而擂M2则位于擂M1东部，且相距已经超过百米，也不符合擂鼓墩墓群的家墓的布局，由此判断，擂M2当不是曾侯乙夫人墓[22]。擂M2的墓葬规模与随葬品远逊于擂M1和义M18，却坚持了曾国独有的随葬编钟的礼制习俗，因此擂M2墓主应为与曾侯乙关系密切，但实际又为被册封为曾侯的曾国国君。

郭CM1和义M4、义M2均被盗严重，没有发现铭文资料。郭家庙墓地在发掘中，征集有"曾侯絑白"戈，有学者据此推测该墓墓主为"曾侯絑白"[23]。本文赞同这种推测。郭家庙墓地附近还征集有具有春秋早期特征的"芈汤"鼎残片，年代上与苏M80墓主芈克[24]、义M191墓主芈渔、义M169墓主芈加前后衔接，现有考古材料则说明两周之际至春秋中期曾、楚联姻频繁，尤其是曾侯或曾伯这类高等级男性贵族与楚国芈姓女子联姻频繁。这些证据从侧面反映出郭CM1和郭CM2的墓主可能为"曾侯絑白"和"芈汤"。义M4出土的铜戈出现"曾侯邸"字样，其墓主当为曾侯，有学者指出其墓主为"曾侯邸"[25]。"曾侯邸"鼎具有春战之际的风格，曾侯乙墓也曾出土有"曾侯邸"铭文，说明曾侯年代当在春战之际。义地岗墓地布局显示大型墓葬愈往南愈晚，义M1"曾侯舆"墓要晚于义M4，而"曾侯邸"鼎与义M1"曾侯舆"出土鼎相比，"曾侯邸"鼎相对年代较晚。义M1"曾侯舆"年代为春秋晚期。在年代关系上说明义M4墓主不可能为"曾侯邸"。反而位于义M1"曾侯舆"墓南侧的义M2年代晚于义M1。"曾侯"鼎出土的墓葬东风油库墓地M3离之也不是很远。从墓地总体布局和年代关系上看义M2墓主可能为"曾侯邸"。义M4的墓主以"M4曾侯"代称。

20 张昌平：《关于擂鼓墩墓群》，《江汉考古》2007年第1期。何浩、宾晖：《盛君蓂及擂鼓墩二号墓墓主的国别》，《楚文化研究论集（第一集）》，荆楚书社，1987年。随州市博物馆：《随州擂鼓墩二号墓》，文物出版社，2008年。

21 湖北省博物馆、随州市博物馆：《湖北随州擂鼓墩二号墓发掘简报》，《文物》1985年第1期。

22 张昌平：《关于擂鼓墩墓群》，《江汉考古》2007年第1期。湖北省文物考古研究所、随州市文物局：《湖北随州市擂鼓墩墓群的勘查与试掘》，《考古》2003年第9期。

23 冯时：《叶家山曾国墓地札记三题》，《江汉考古》2014年第2期。方勤：《曾国历史与文化：从"左右文武"到"左右楚王"》，上海古籍出版社，2019年。

24 方勤等：《湖北京山苏家垄遗址考古收获》，《江汉考古》2017年第6期。

25 方勤：《随州文峰塔M4墓主人为曾侯 小考》，《曾国考古发现与研究》，科学出版社，2018年。

四、非发掘出土"曾侯"铭器及其年代

考古发掘或征集所获有曾侯私名铜器所见曾国国君还有"曾侯絴白""曾侯石""曾侯邮""曾侯昃"等。前文我们已经提到"曾侯絴白"可能为郭 CM1 墓主，"曾侯邮"可能为义 M2 墓主。那么没有墓葬归属关系的曾国国君即是"曾侯石""曾侯昃"。

"曾侯石"铜器群可见有簋、盨、鼎等器形[26]。铜簋纹饰为龙纹，纹饰与郭 CM43[27] 相似，年代在春秋早期。铜盨身饰瓦楞纹和窃曲纹，器形与纹饰均与曾伯克父盨[28] 相似，年代在两周之际。则曾侯石的年代当在春秋早期。

"曾侯昃"铜器可见剑、戈[29]。戈长援、有脊，内两侧饰错金云纹。剑圆形剑首、剑茎带双凸箍。两器铭文均为鸟虫书。结合这些特征看，两器的年代在春秋末年或春秋战国之际。曾侯昃的年代与曾侯舆、曾侯年代接近，可能为前后继承的关系[30]。

另有学者公布了一组收藏器物群，包括镈钟、钮钟，共四组 25 件[31]，年代推断在春秋早期。几组钟铭文不统一，镈钟完整铭文为"唯王正月初吉丁亥，曾侯子择其吉金，自作行镈"，一组钮钟铭文为"曾侯子之永用之"，一组钮钟铭文为"曾侯子之行钟，其永用之"。铭文中指示的器物拥有者身份也有歧义，镈钟铭文"曾侯子"可有曾侯的私名为"子"和曾侯的儿子两种解读。第一组钮钟铭文按照曾国发掘的钟体铭文断句，器物拥有者为曾侯，其私名为"子之"；另一组钮钟铭文断句则说明曾侯私名为"子"。"曾侯子"编钟铭文可以与考古发掘出土的曾公求编钟、曾侯宝编钟和曾侯得编钟等铭文对照考察。这些编钟铭文有长篇纪事铭文和简单铭文两种体例。从铭文体例看，"曾侯子"编钟铭文体例更偏向于发掘出土编钟铭文体例中的简单铭文体例。曾公求编钟铭文为"唯王正月初吉丁亥，曾公求择其吉金自作行钟，其永用之"。曾侯宝编钟铭文为"曾侯宝择其吉金，自作行钟，其永用之"。曾侯

26　随州市博物馆、随州市公安局主编：《随州市打击文物犯罪成果荟萃Ⅰ——追回的宝藏》，武汉大学出版社，2019 年。吴中博物馆编：《穆穆曾侯：曾国出土青铜器精品》，江苏凤凰文艺出版社，2021 年。

27　武汉大学历史学院、湖北省文物考古研究所等：《湖北枣阳郭家庙墓地曹门湾墓区（2015）M43 发掘简报》，《江汉考古》2016 年第 5 期。

28　张昌平：《记回归的曾伯克父青铜器》，《文物》2020 年第 9 期。

29　湖北省文物考古研究所编：《曾国青铜器》，文物出版社，2007 年。曹锦炎：《曾侯昃剑小考》，《中国考古学会第十三次年会论文集》，文物出版社，2010 年。邹秋实等：《长江文明馆藏曾侯子昃剑初探》，《江汉考古》2022 年第 5 期。

30　徐少华：《曾侯昃戈的年代及相关曾侯世系》，《古文字研究（第 30 辑）》，中华书局，2014 年。

31　吴镇烽：《商周青铜器铭文暨图像集成续编》，上海古籍出版社，2016 年。吴镇烽：《商周青铜器铭文暨图像集成》，上海古籍出版社，2012 年。

得编钟铭文为"曾公得之行钟，其永用之"。从内容看，"曾侯子"编钟中仅有镈钟铭文与出土编钟铭文内容较为一致，其余钮钟铭文内容或过于简略，或缺字过多。这种铭文乱象在发掘编钟铭文从没有出现过，且"曾侯子"两组钮钟的铭文行文完全不同，因此其真实性值得怀疑。由此，"曾侯子"编钟所显示的曾国国君作为非发掘出土的国君，暂且不在本文中讨论。

五、世系

根据前文，我们将曾国国君墓分为六期：第一期国君墓为曾侯谏墓（叶 M 65）、曾白生墓（叶 M 28）、曾侯犺墓（叶 M 111）；第二期国君墓为曾伯陭墓（郭 GM 21）游父墓（苏 M 1）、曾侯絴白墓（郭 CM 1）；第三期国君墓为曾公畎墓（义 M 190）；第四期国君墓为曾侯宝墓（义 M 168）、曾公得墓（义 M 129）；第五期国君墓为义 M 4 曾侯墓、曾侯舆墓（义 M 1）、曾侯墓（义 M 2）；第六期国君墓为曾侯乙墓（擂 M 1）、擂 M 2 国君墓、曾侯丙墓（义 M 18）。

结合出土和征集所获"曾侯"铭文器年代，曾国现知国君 17 位，其世系为曾侯谏—曾国君白生—曾侯犺—曾伯陭 \ 曾中游父—曾侯絴白—曾侯石—曾公畎—曾侯宝—曾公得—义 M 4 曾侯—曾侯昃—曾侯舆—曾侯郎—曾侯乙—擂 M 2 国君—曾侯丙。

附记：本文得到 2021 年度国家社科基金重大项目"湖北随州枣树林春秋曾国墓地考古发掘资料的整理和研究"（编号：21 &ZD 236）科研经费的资助。

　　1978年随州曾侯乙墓的发现举世震惊。此后的四十多年，地不爱宝，华章重现，曾国考古不断取得新进展。在考古工作者的不懈努力之下，丰富而精美的出土文物，证明曾国是西周早期周王室分封至江汉地区的重要诸侯国，始祖为"南公"，可与齐、晋、鲁等大国并列于《史记》中的"世家"，与文献中的"随国"为一国两名。

　　曾国立国七百余年，经历了从王室藩屏到楚国盟友的转变过程，有着深厚的礼乐文明积淀，是先秦时期长江中游地区文化发展和融合的见证。

曾国之谜

自宋代以来，『曾侯钟』『曾姬无恤壶』等许多『曾』字铭文青铜器被陆续发现，它们说明在周代可能存在一个不见于文献记载的『曾国』。1978年，曾侯乙墓经科学考古发掘，为研究曾国历史提供了丰富的考古材料，并引发了一系列困扰考古界的疑问。

《春秋》记载，春秋时期的鄫国位于今山东，为鲁国附庸，公元前567年为莒国所灭。

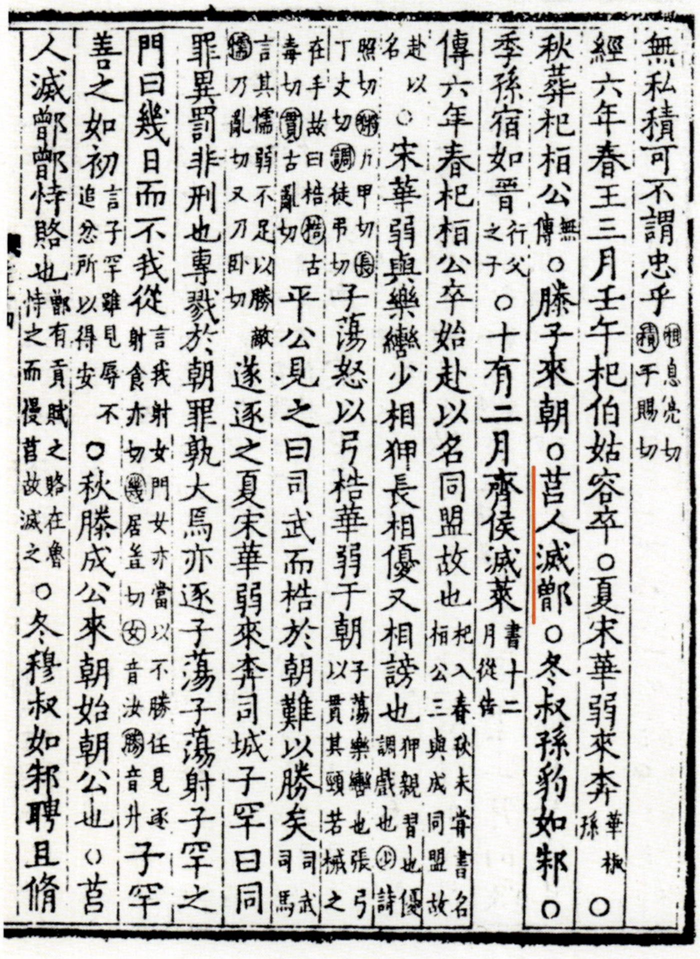

無私積可不謂忠乎相息亮切積子賜切
經六年春王三月壬午杞伯姑容卒○夏宋華弱來奔華椒孫○
秋葬杞桓公無傳○滕子來朝○莒人滅鄫○冬叔孫豹如邾○
季孫宿如晉行父之子○十有二月齊侯滅萊書十二月從告
傳六年春杞桓公卒始赴以名同盟故也杞入春秋未嘗書名桓公三與成同盟故
赴以名○宋華弱與樂轡少相狎長相優又相謗也狎親習也優調戲也少詩
照切狎戶甲切長丁丈切調徒弔切子蕩怒以弓梏華弱于朝子蕩樂轡也張弓以貫其頸若械之
在手故曰梏梏古毒切貫古亂切平公見之曰司武而梏於朝難以勝矣司武司馬
言其懦弱不足以勝敵懦乃亂切又乃臥切遂逐之夏宋華弱來奔司城子罕曰同
罪異罰非刑也專戮於朝罪孰大焉亦逐子蕩子蕩射子罕之
門曰幾日而不我從言我射女門女亦當以不勝任見逐射食亦切幾居豈切女音汝勝音升子罕
善之如初言子罕雖見辱不追忿所以得安○秋滕成公來朝始朝公也○莒
人滅鄫鄫恃賂也鄫有貢賦之賂在魯恃之而慢莒故滅之○冬穆叔如邾聘且脩

◎《春秋》襄公六年："莒人灭鄫。"

《国语》《史记》等记载：西周末年，周幽王宠信褒姒，欲传位于其子，太子宜臼逃亡母家申国。因此申国联合其他诸侯国伐周，缯国也参与其中。"缯国"在今本《竹书纪年》中写作"鄫国"。有学者认为伐周的申和缯都位于今西安以西地区。

◎ 《国语·郑语》韦昭注："缯，姒姓。"

◎ 今本《竹书纪年》卷二："申人、鄫人及犬戎入宗周，弑王及郑桓公。"

『唯王五十又六祀，返自西阳，楚王熊章作曾侯乙宗彝，奠之于西阳，其永持用享。商商穆。』

『商』和『穆』应分别是这件编钟的正鼓音和侧鼓音。但『穆』是何意义存在争议：有学者认为相当于曾侯乙编钟铭文中的律名『穆音』；有学者认为相当于曾侯乙编钟铭文中的『和』，与『商』为小三度关系。

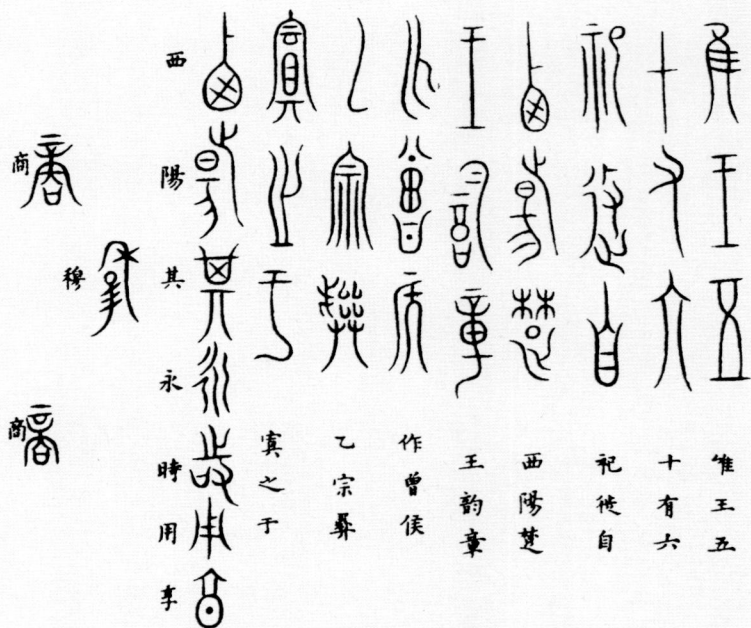

曾侯钟一 方城范氏

惟王五
十有六
祀徙自
西陽楚
王韵章
作曾侯
乙宗彝
奠之于
西陽其
永時用享

作曾侯乙宗彝，奠之于西阳，其永持用享。少羽反。宫反。

『少羽』指高音区的羽音，『反』是高八度之意。羽和宫为双音的小三度关系，可能分别是这件钟的正鼓音和侧鼓音。

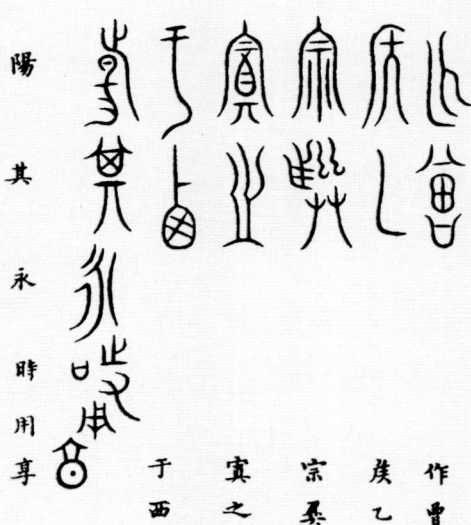

曾侯钟二

作曾
侯乙
宗彝
奠之
于西
陽 其永時用享
卜羊反 宫反

◎ 《历代钟鼎彝器款识法帖》中著录的两件曾侯钟铭文

释文：

唯王廿二又六年，圣桓之夫人曾姬无卹，望安兹漾陵，蒿间之无匹，用作宗彝尊壶。后嗣用之，职在王室。

◎ 曾姬无卹壶及铭文拓片（台北故宫博物院供图）

曾姬无卹壶1932年出土于安徽省寿县朱家集李三孤堆楚王墓。一般认为此器作于楚宣王二十六年（公元前344年），曾姬无卹即为楚声王娶自曾国的夫人，这说明战国时期存在一个与楚国关系紧密的曾国。

苏家垄位于湖北省京山市坪坝镇西北约 200 米，南距漳河 300 米。1966 年当地在修水渠的过程中发现青铜器 97 件。

窃曲纹鼎 (9件)

春秋早期
1966年京山苏家垄出土
通高 18~32.7、口径 23.1~28.2 厘米

九鼎器型与纹饰基本相同，大小依次递减，均为附
耳，蹄形足，腹外饰窃曲纹和弦纹各一周。其中两
件腹部内壁铸有铭文："曾侯仲子斿父自作尊彝"。
1966年苏家垄出土的主要青铜礼器组合为九鼎八
簋（实际出土少一簋）。

黾乎簋

春秋早期

1966 年京山苏家垄出土

通高 25、口径 20.5 厘米

本件敛口，鼓腹，圈足，独角竖耳长舌兽首形双
耳，有珥，圈足下有三个象鼻形兽蹄足。盖面及器
身通体饰瓦纹。器底内与盖内均有铭文："唯正二月
既死霸壬戌，黾乎作宝簋，用听夙夜，用享孝皇祖
文考，用匃眉寿永命，乎其万人永用。十"

"黾乎"为人名，可能为商遗民的后裔。"十"为族
徽。1966 年苏家垄出土的七件铜簋与九件铜鼎原属
不同的礼器组合，被拼凑作为墓主人曾仲斿父的随
葬品。

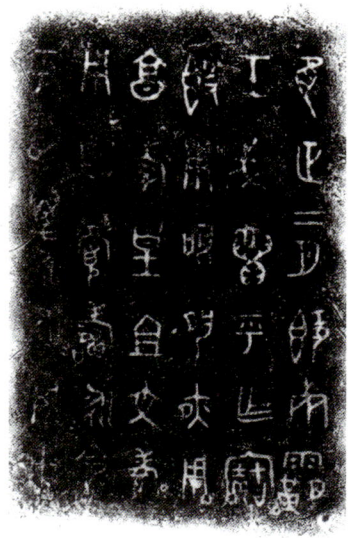

曾仲斿父簠

春秋早期

1966 年京山苏家垄出土

通高 20.2、口径 25.6 厘米

本件浅盘，折腹，高圈足。圈足中间有一凸带，将
镂空花纹分为上下两层。盘腹饰窃曲纹。盘内铸有
铭文："曾仲斿父自作宝甫"。

龙纹方甗

春秋早期

1966 年京山苏家垄出土

通高 52、口长 36、口宽 22.5 厘米

本件甑、鬲分体，甑底榫圈套入鬲口。甑，折沿斜壁，立耳。鬲，方附耳，四蹄足。甑底有 24 个长条箅孔。甑身饰龙纹、窃曲纹。鬲腹壁饰八个目纹。

曾仲斿父壶

春秋早期
1966 年京山苏家垄出土
通高 66.7、口长 23.1、口宽 16.3 厘米

曾仲斿父壶出土两件，另一件现藏
中国国家博物馆。本件器形厚重，呈
椭方形。壶盖饰一周以镂空环带纹装
饰的莲瓣，盖外壁饰窃曲纹。颈部设
龙首耳，下附悬环。壶身饰三周环带
纹，间以窃曲纹和空带。圈足以垂鳞
纹为饰。壶身长颈垂腹，是典型的春
秋早期形制。壶冠及颈内壁铸有铭文：
"曾仲斿父用吉金自作宝尊壶"。
环带纹装饰虽也为春秋早期所流行，
但一般施加在圆壶上，作为方壶装饰
较为罕见。

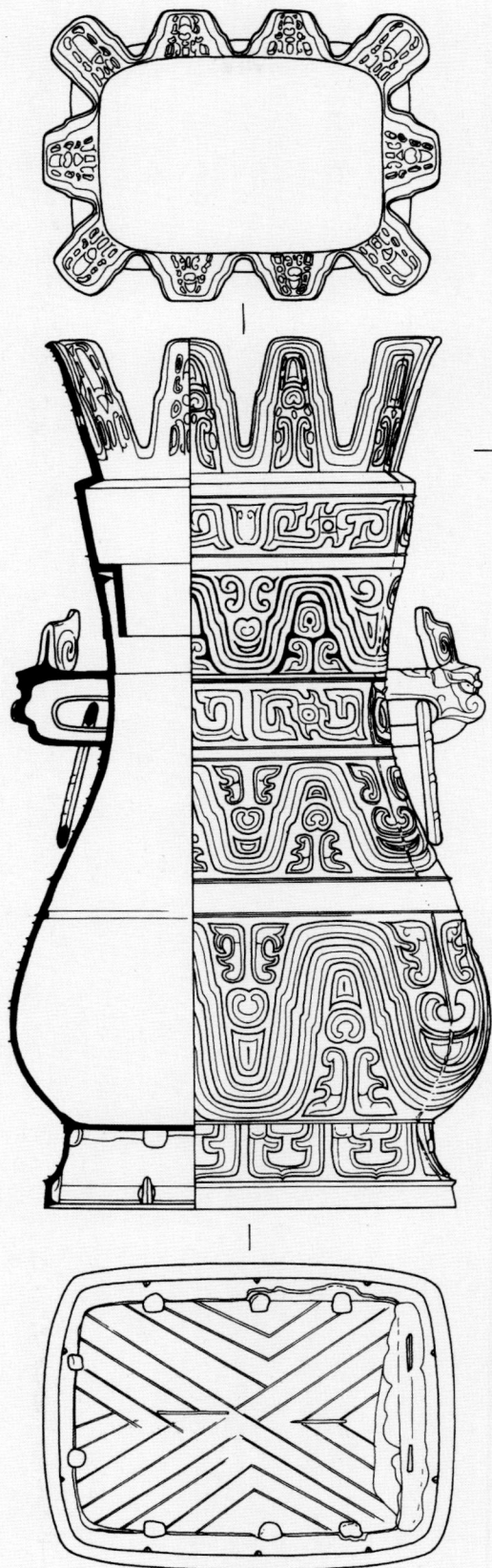
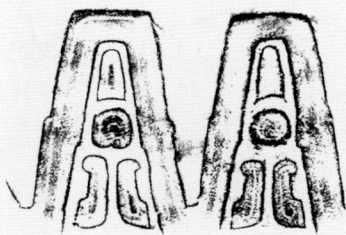

窃曲纹盘

春秋早期
1966 年京山苏家垄出土
通高 16.1、口径 41.3 厘米

本件折沿，附耳，浅腹，平底，三足。腹饰窃曲纹，圈足饰垂鳞纹，三足作兽首形。

窃曲纹匜

春秋早期
1966 年京山苏家垄出土
通高 19.2、流口宽 6.8 厘米

本件器口呈瓢形。前流后鋬，四足，鋬作兽首形，上腹饰窃曲纹一道，下腹饰瓦纹，三足作兽首形。

环带纹盉

春秋早期

1966 年京山苏家垄出土

通高 20.7、口径 11.6 厘米

本件圆口，束颈，斜肩，浅鼓腹。独角兽首曲流，独角双耳兽首鋬，四扁足亦作兽首形。流及鋬饰三角云纹，器身上部饰龙纹，器身下部饰环带纹。

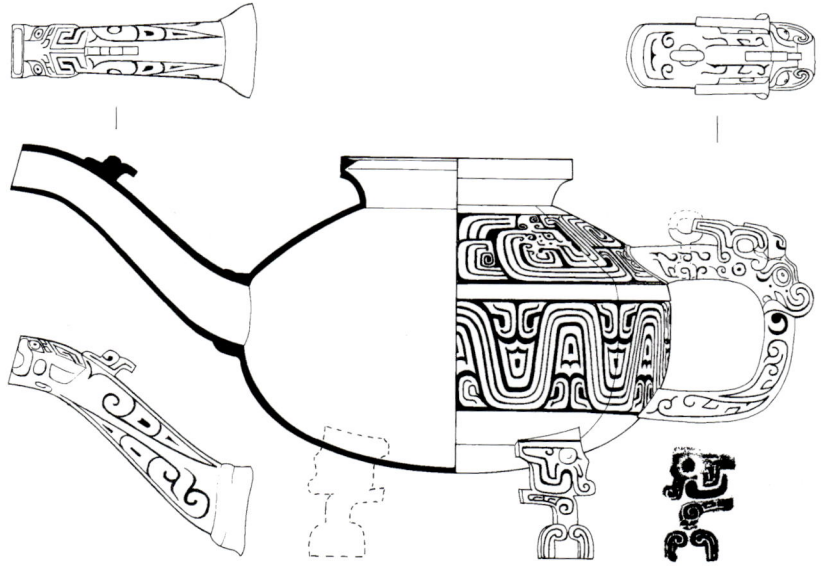

黄朱柁鬲

春秋早期
1966 年京山苏家垄出土
通高 20.6、口径 25.8 厘米

本件宽折沿，束颈，三袋形足。颈部饰重环纹，鬲
足有一凸饰。口沿铸有铭文："唯黄朱柁用吉金作
鬲"。本件可能是黄国女子嫁到曾国的陪嫁品。

熊家老湾位于今湖北省随州市均川镇均水之北的山地与坡地之间。1970 年、1972 年两次出土曾国青铜器。

曾伯文簋

春秋早期
1970 年随州均川熊家老湾出土
通高 22、口径 18.5 厘米

本件敛口，鼓腹，圈足。盖顶提纽作喇叭形，螺角长舌兽首双耳，有珥，圈足下承三个兽面扁足。盖沿、器沿和圈足饰重环纹，盖顶及器腹饰瓦纹。盖、腹内均铸铭文："唯曾伯文自作宝簋，用赐眉寿黄耇，其万年子子孙孙永宝用享。"

垂鳞纹方卣

春秋早期
1970 年随州均川熊家老湾出土
通高 33、口长 12.7、口宽 12 厘米

本件器、盖皆方，盖呈四面坡屋顶形。颈两
侧有环耳，腹部外鼓，圈足垂直。四周通体
饰扉棱，盖饰变形夔纹，腹饰垂鳞纹，圈足
饰横人字席纹。本件造型类似方彝，但从环
耳推测，可能原有提梁，应该是青铜方卣最
晚的样式。

曾伯文罍

春秋早期

1970 年随州均川熊家老湾出土

通高 35.7、口径 15.5 厘米

本件盖顶设蟠龙形捉手，肩部立有双耳，饰一周龙纹。器身颈部与腹部皆为素面，装饰风格较为朴素，但盖顶浮雕蟠龙造型生动，纹饰繁复。口沿上铸有铭文："唯曾伯文自作厥饮罍，用征行。"

曾仲大父螽簋

春秋早期

1972 年随州均川熊家老湾出土

通高 27、口径 20.4 厘米

本件形制、纹饰与曾伯文簋相似，只是器盖、口沿上饰两周重环纹。盖内、腹内均有铭文："唯五月既生霸庚申，曾仲大父螽遐用吉鍪，敃乃雒金，用自作宝簋。螽其用追孝于其皇考，用赐眉寿黄耇霝终，其万年子子孙孙永宝用享。"

洛叔升鼎

春秋早期
1980 年随州均川刘家崖出土
通高 22、口径 27 厘米

本件口沿外折，束腰平底，附耳，三蹄足。耳饰重
环纹，器身饰环带纹、垂鳞纹。器底内铸铭文："洛
叔之行鼎，永用之"。
此墓出土两件纹饰、形制相同的铜鼎，另一件作器
者为"盅"，应与本件铭文中的"洛叔"为同一人。
此类束腰平底鼎与东周时期常见楚式升鼎的早期形
态基本相同。

1976 年，农民在今湖北省随州市万店镇周家岗发现 16 件青铜器，推测为一座墓葬出土，年代当在春秋早期。

曾太保簋

春秋早期

1976 年随州万店周家岗出土

通高 25.9、口径 20.2 厘米

本件失盖，双耳设兽首，三足造型特别，作象首形。器身口沿饰窃曲纹，腹部饰瓦纹，圈足饰垂鳞纹。器内铸有铭文："曾太保口用吉金自作宝簋，用享于其皇祖文考，子子孙孙永用之"。

曾国是唯一见"太保"铭文的诸侯国。曾太保铭文铜器还有传世的曾太保𤔲叔盆、曾太保庆盆，以及出土于郭家庙墓地曹门湾墓区的曾太保发簋。

1978 年，考古工作者在湖北省随县（今随州市区）擂鼓墩发现了举世闻名的曾侯乙墓（擂鼓墩 1 号墓），其墓主曾侯乙为 2400 多年前的曾国国君。1981 年又在附近发现了擂鼓墩 2 号墓，墓主可能是曾侯乙夫人。这一不见于史书记载的曾国在地理位置上与文献中的随国吻合，曾国和随国的关系成为困扰世人的谜题。

1977 年 9 月，中国人民解放军武汉军区空军雷达修理所在驻地随县擂鼓墩东团坡扩建厂房时，发现了土层的异样。当时监管施工的王家贵、郑国贤等都是文物爱好者，他们决定立即停止施工，向上级文物部门汇报。1978 年 3 月 19 日，时任湖北省博物馆副馆长兼文物考古队队长的谭维四率考古技术人员赶到现场，历时三天探明了墓葬的基本情况。同年 5 月，经报国家文物局批准后，曾侯乙墓的发掘工作正式开展。

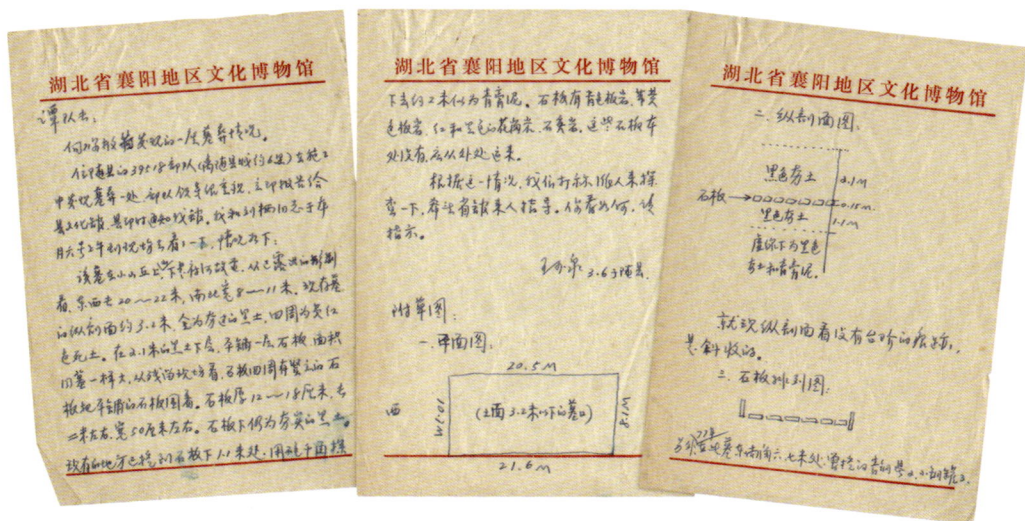

◎ 襄阳地区文化博物馆王少泉写给谭维四的信

◎ 曾侯乙墓发掘现场

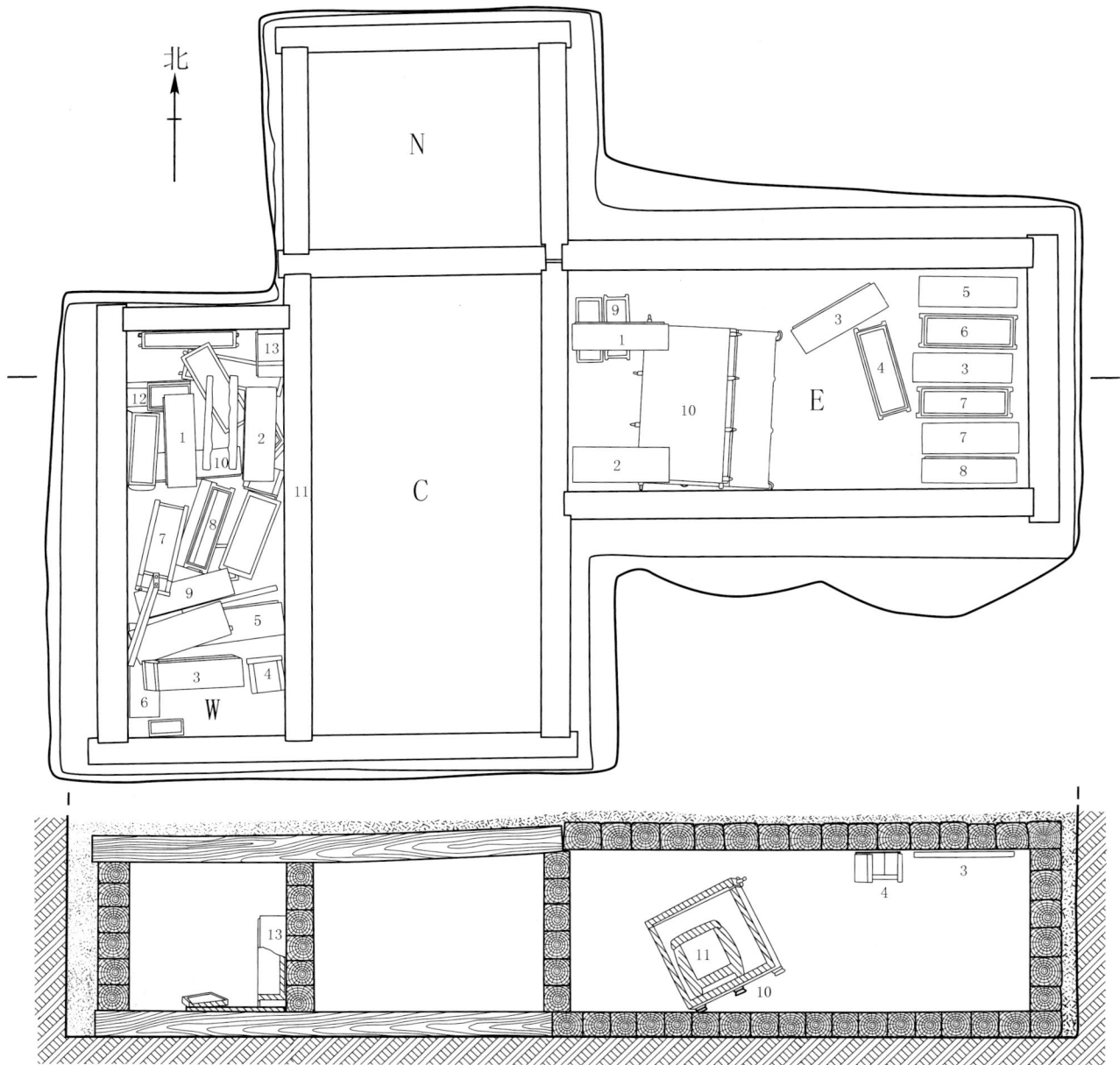

◎ 曾侯乙墓的墓坑及椁室

曾侯乙墓的墓坑是在红色砂岩上挖竖穴而成，总面积约 220 平方米。椁室为木椁，由 171 根长条方木垒成。其材质经鉴定全部为梓木 (Catal-pa SP.)。

椁室被椁墙分为中、东、西、北四室，椁墙板缝隙中钉有木钉用于悬挂帷幔或香囊，椁墙底有小门洞彼此相通。四室具备不同的功能，象征了曾侯乙宫廷的不同部分。

楚王熊章镈铭文与宋代《历代钟鼎彝器款识法帖》著录的两件"曾侯钟"铭文（原钟已佚）基本一致，记录了楚王熊章于在位第五十六年制作了一套编钟，赠予曾侯乙，陈列在曾国宗庙，其中一件，即楚王熊章镈后随曾侯乙下葬，悬挂在曾侯乙编钟下层中部。

查对文献，熊章是战国早期的楚惠王，楚惠王五十六年是公元前 433 年。墓中随葬文物的年代一定不晚于墓葬本身的年代，所以公元前 433 年是曾侯乙墓年代的上限。

◎ 楚王熊章镈及铭文拓片

铭文释文：唯王五十又六祀，返自西阳，楚王熊章作曾侯乙宗彝，奠之于西阳，其永持用享。

汉东大国：郭家庙

郭家庙位于湖北省枣阳市。2002年、2014年在郭家庙发掘的曾国墓葬和附近的城址，证明这里是西周晚期到春秋早期曾国的重要政治中心。郭家庙墓地高等级墓葬及车马坑中出土的大量文物证实此时的曾国是国力强盛、文化发达的大国，与汉水、淮河流域诸侯国来往密切。

郭家庙墓地位于湖北省枣阳市吴店镇东赵湖村，分布在两个相对独立的山岗上，北岗为郭家庙墓区，南岗为曹门湾墓区，总面积达 120 万平方米以上。2002 年至 2003 年、2014 至 2015 年，襄阳市文物考古队、湖北省考古研究所分两次对郭家庙墓地进行了发掘，一共发掘西周晚期到春秋早期曾国墓葬 134 座、车马坑 3 座、车坑 3 座、马坑 3 座。

郭家庙墓地的高级贵族墓葬

墓葬编号	墓主	对应夫人墓
郭家庙墓区 60 号墓		郭家庙墓区 50 号墓
郭家庙墓区 21 号墓	曾伯陭	郭家庙墓区 52 号墓
		郭家庙墓区 17 号墓
曹门湾墓区 1 号墓	曾侯絴伯	曹门湾墓区 2 号墓

◎ 曹门湾墓区

◎ 郭家庙墓区北发掘区

◎ 曹门湾墓区1号车坑全景

◎ 曹门湾墓区1号墓全景

◎ 曹门湾墓区1号墓椁室北部出土的簧虡

曾侯絴伯戈

春秋早期
1982 年采集
通长 21 厘米

本件援平直，三角形锋，三穿，内上有一长方形
穿。内尾铸有铭文："曾侯絴伯秉戈"。曾侯絴伯可
能是郭家庙墓地曹门湾墓区 1 号墓的墓主。

金银合金虎形饰（2 件）

春秋早期
2015 年枣阳郭家庙墓地曹门湾墓区 1 号墓出土
通长 12.4 厘米

本件呈虎形。虎身、足部、尾部均有 "S" 形斑纹。
虎身上共有 9 对穿孔，当为皮甲胄上的饰品。据检
测，本件采用模锻成形工艺，其成分为金银合金，
该材质多见于古代西亚等地区。

曾子斁鼎

春秋早期

2014 年枣阳郭家庙墓地曹门湾墓区 10 号墓出土

通高 20.2、口径 24 厘米

本件附耳，蹄足，口沿饰一周窃曲纹。器内壁铸有
铭文："曾子斁自作行器，其永用之"。

龙纹簠

春秋早期
2014 年枣阳郭家庙墓地曹门湾墓区 22 号墓出土
通高 18.8、口长 29.8、口宽 22.3 厘米

本件盖顶饰窃曲纹，盖器两侧均设龙形錾，口沿下有一周曲折纹，盖壁、器身以双首共身龙纹为饰。盖器圈足饰简体龙纹。本组铜簠沿西周晚期旧制，盖、器呈斜壁，但纹饰为春秋早期所流行。

◎ 盖顶纹饰

曾子伯旁晨壶

春秋早期

2015 年枣阳郭家庙墓地郭家庙墓区 86 号墓出土

通高 44.7、口径 14.8 厘米

本件长颈垂腹，设兽首半环耳衔环。盖器饰有环带纹、窃曲纹、龙纹。圈足饰垂鳞纹。盖顶铸有铭文："曾子伯旁晨自作行器，其永祜福"。

曾子旁晨鬲

春秋早期

2015 年枣阳郭家庙墓地郭家庙墓区 86 号墓出土

通高 13、口径 12.7 厘米

本件宽折沿，联裆鼓腹，腹部凸出三扉棱，蹄足。
腹部饰三组以扉棱为中心对称的卷体龙纹。口沿上
铸有铭文："曾子旁晨行器"。

虎食人车軎（2件）

春秋早期

2015 年枣阳郭家庙墓地曹门湾墓区 55 号墓出土

左：通高 6.7、底径 8.2 厘米

右：通高 7、底径 8.1 厘米

本件下部饰一周虎纹。上部作圆筒形，成一圆雕虎首。虎凸目高鼻，双耳阔大。虎口张开衔一人首。虎齿和人面浮雕于顶面。虎食人是商周青铜器中常见的母题，著名的后母戊鼎、阜阳龙虎尊都有这种题材的纹饰。三门峡虢国墓地也出土了与本件纹饰十分接近的车軎。

环形带饰（6件）、三角形带饰

春秋早期
2014 年枣阳郭家庙墓地曹门湾墓区 10 号墓出土
环形铜带饰：直径 4.8、厚 0.2 厘米
三角形铜带饰：高 1.5、底边长 4.6、斜边长 5.5 厘米

本组带饰可能固定在革带上使用。三角形带饰饰双身龙纹。环形带饰饰首尾相连的两条龙纹。陕西韩城梁带村芮国墓地出土有类似青铜带饰。

兽面玉佩

春秋早期

2015 年枣阳郭家庙墓地曹门湾墓区 1 号墓出土

长 4、宽 6.9 厘米

本件整件雕成兽面。上半部分由背向对凤构成兽角，下半部分兽面以阴线刻画眉、眼、鼻、耳。

玉鱼

春秋早期

2015 年枣阳郭家庙墓地曹门湾墓区 1 号墓出土

长 2.2、宽 1.6 厘米

本件通体磨光。鱼背部呈弧形，尾部下垂，吻端平齐。用阴线在两面均刻画出眼、鳃、背鳍和腹鳍。鱼吻部有一穿孔。

玛瑙串饰（19 件）

春秋早期

2015 年枣阳郭家庙墓地曹门湾墓区 1 号墓出土

直径 0.5～1.1 厘米

本组为玉组佩中的组件。

方形玉饰

春秋早期

2015 年枣阳郭家庙墓地曹门湾墓区 1 号墓出土

长 3.5、宽 3 厘米

本件器表饰卷云纹，中部镂空，或为带饰。

蝉形玉饰

春秋早期

2015 年枣阳郭家庙墓地曹门湾墓区 1 号墓出土

长 2.6、宽 1.8 厘米

本件器表饰简化蝉纹。

三角形玉饰

春秋早期

2015 年枣阳郭家庙墓地曹门湾墓区 1 号墓出土

斜边长 8、底边长 5 厘米

本件呈三角体，中部隆起，斜边各有一穿孔。器身以阴
线刻画蝉纹。

兽面玉饰

春秋早期
2015 年枣阳郭家庙墓地曹门湾墓区 1 号墓出土
长 3.7、宽 3.4 厘米

本件上部阴刻对龙为角，下部阴刻眉、眼、鼻、须。
眉额间有二穿孔。

兽面玉饰

春秋早期
2015 年枣阳郭家庙墓地曹门湾墓区 1 号墓出土
长 3.2、宽 2.9 厘米

本件上部阴刻兽角，下部阴刻眉、眼、鼻、须。眉间
及下左须各有一穿孔。

束帛形玉饰

春秋早期
2015 年枣阳郭家庙墓地曹门湾墓区 1 号墓出土
长 3.1、宽 2 厘米

本件呈束帛形，中部雕刻三道弦纹。类似玉饰在西
周贵族墓葬中常见。

玉虎（2件）

春秋早期
2015 年枣阳郭家庙墓地曹门湾墓区 1 号墓出土
长 5 厘米

虎作匍匐状，圆目，张嘴，尾上卷，腿前伸。器身
阴刻斑纹。虎嘴、颈和髋部各有一孔。

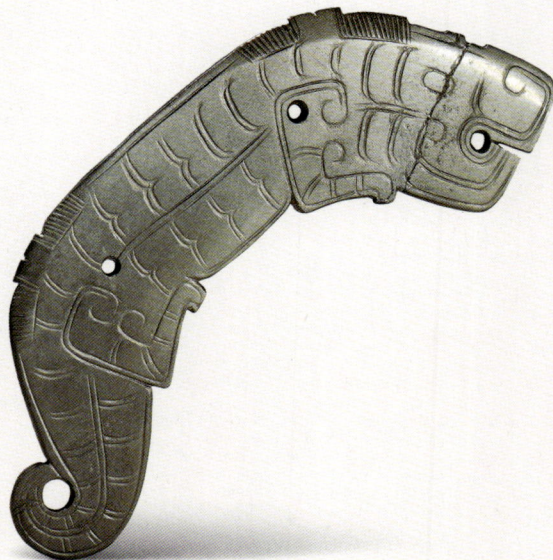

玉虎

春秋早期
2015 年枣阳郭家庙墓地曹门湾墓区 1 号墓出土
长 7.5、宽 1.8 厘米

虎身躬曲，张嘴，尾后卷。器身阴刻斑纹和毛发。
虎腹部、胸部与嘴部、尾部各有一孔。

玉虎

春秋早期
2015 年枣阳郭家庙墓地曹门湾墓区 1 号墓出土
长 7.0 厘米

虎作匍匐状，张嘴，尾上卷，腿前伸。器身阴刻卷
云纹。虎嘴部、腹部和尾部各有一孔。

人形玉佩

春秋早期
2015 年枣阳郭家庙墓地曹门湾墓区 1 号墓出土
长 5.8 厘米

本件为蹲踞的侧面人像。圆目、大耳、高鼻、长发，
发上卷成穿孔。胸腹饰一龙，龙卷鼻，蜷体。

兽面玉饰

春秋早期
2015 年枣阳郭家庙墓地曹门湾墓区 1 号墓出土
长 2.9、宽 3 厘米

本件整体为一兽面。上部分阴刻凤鸟构成兽角。下部阴
刻眉、眼、鼻。两角、眉间各有一穿孔。

凤纹玉饰

春秋早期
2015 年枣阳郭家庙墓地曹门湾墓区 1 号墓出土
长 12.5、宽 2.5～3 厘米

本件由两组四凤构成方形，每组两凤首尾相连构成"S"形。凤身阴刻眼、喙、羽等纹饰。整件有四处镂空，以突出凤形。

子安贝饰（12 件）

春秋早期
2015 年枣阳郭家庙墓地曹门湾墓区 1 号墓出土
长约 2 厘米

本组经打磨穿孔，或为饰物。子安贝是商代的基本货币，也用作饰品，西周时期还用于葬仪，作为死者口含、手握。

青铜器铭文蕴含着大量历史信息，常与历史文献互相补充印证。春秋早期的曾国墓地出土了大量铭文青铜器。通过解读铭文，并比对文献记载，可知曾国与汉水、淮河流域的黄、邓等诸侯国保持着紧密的关系。

◎ 曾侯作叔姬簠铭文拓片

释文：叔姬霝迮黄邦，曾侯作叔姬邛半媵器瀪彝，其子子孙孙其永用之。

此器已经佚失，铭文（《殷周金文集成》4598）说明此器为曾国女子嫁往黄国而作的媵器。

黄季嬴鼎

春秋早期

1972 年随州均川熊家老湾出土

通高 32.7、口径 31 厘米

本件方唇，折沿，立耳，圜底。腹部饰窃曲纹、龙纹，鼎耳饰重环纹。内壁铸有铭文："黄季作季嬴宝鼎，其万年子孙永宝用享"。

黄国为嬴姓诸侯国，位于今河南省潢川县附近。春秋时期，曾国与黄国关系密切，曾国墓地常出土黄国青铜器，本件可能是黄国女子嫁到曾国的陪嫁品"。

邥君鲜鼎

春秋早期

2014 年枣阳郭家庙墓地曹门湾墓区 22 号墓出土

通高 24.5、口径 30.4 厘米

本件敞口折沿，附耳，圜底，蹄足。上腹部饰窃曲纹，下腹部饰垂鳞纹，鼎耳饰重环纹，腹内壁有铭文："邥君鲜作其鼎，其万年无疆，子孙永用之，其或佳口则明口之"。"君"是淮河流域诸侯国国君的常见称谓。邥不见于文献记载，可能是淮河流域的小国。

旁伯盘

春秋早期

2014 年枣阳郭家庙墓地曹门湾墓区 22 号墓出土

通高 13.2、口径 39.3 厘米

本件设方形附耳，圈足下有三扁足。器耳饰重环纹，口沿下装饰一周三角形云纹，圈足以垂鳞纹为饰。器内底铸有铭文："唯旁伯贝懋自用，其万年子孙永宝盘，自作宝，永用享"。

旁伯可能是房国国君。房国为汝南小国，位于今河南遂平县一带。

龙纹匜

春秋早期

2015 年枣阳郭家庙墓地曹门湾墓区 22 号墓出土

通高 17.6、流口宽 5.2 厘米

本件前有槽形流，后有卷尾龙形鋬，下设四足。口沿及流下饰双身龙纹，下腹饰瓦纹，四足上部饰龙纹。

始封江汉：叶家山

叶家山位于湖北省随州市。2011 年和 2013 年，叶家山墓地经历了两次考古发掘，出土了数以千计的青铜器、漆器、玉器等文物。考古学者在此发现了 140 座曾国墓葬，其中包括 3 座曾侯墓。丰富的考古材料证明曾国西周早期已经立国于今随州地区，是周王室分封到南方的重要诸侯国。

在叶家山墓地，规模最大的 65 号墓、28 号墓和 111 号墓是整个墓地的核心，都出土了众多带有"曾侯"铭文的青铜器。三位墓主均为西周早期的曾国国君。65 号墓东侧的 2 号墓和 28 号墓东侧的 27 号墓墓主为国君夫人。墓地以大中型墓葬为中心，不同级别贵族墓共处于同一墓地，为文献中的"公墓"。

墓号	墓主	夫人墓
65 号墓	曾侯谏	2 号墓
28 号墓	曾侯	27 号墓
111 号墓	曾侯犺	

◎ 叶家山墓地第一期发掘现场

◎ 叶家山墓地第二期发掘现场

65 号墓位于叶家山墓地中部，墓口东西长约 5.20 米，南北宽 3.50～3.62 米，墓深 5.94～6 米。葬具为 1 棺 2 椁。随葬品主要放置于墓内的二层台上。青铜礼器放置在西南角二层台上；青铜兵器放置在南部二层台上及椁室内南侧；酒器和漆木器、玉戈、玉圭放置在墓主人头端的东部二层台上；陶器和原始瓷器放置在东北角二层台上；铜钺、铜面具、铜锡和车马器置于椁室内；玉佩饰置于内棺中。

◎ 叶家山65号墓全景

◎ 叶家山65号墓墓口四角柱洞

叶家山墓地高等级大墓四周都有柱洞，便于架立辘轳下棺。考古发现，该墓葬两侧各分布两个柱洞，或为诸侯级别贵族用以下棺的工具"丰碑"的痕迹。

◎ 叶家山65号墓二层台上的青铜礼器

◎ 叶家山65号墓棺内玉器

曾侯谏鼎

西周早期
2011 年随州叶家山墓地 65 号墓出土
通高 28.9、口径 24～24.3 厘米

本件立耳、圆身、三柱足。鼎口呈桃形，颈部九个
夔龙纹及九个涡纹相间排列。腹内壁铸有铭文："曾
侯谏作宝彝"。

　　2号墓位于叶家山墓地东北部，墓口长约 4.6 米，宽约 3.1 米，墓深约 6.2 米。葬具为 1 棺 1 椁。随葬的青铜礼器、原始瓷器、漆木器放置于二层台东部，大量的陶器与原始瓷器放置于二层台北部偏东，玉器全部置于棺内。

◎ 叶家山2号墓二层台上的随葬器物

曾侯谏鼎

西周早期
2011 年随州叶家山墓地 2 号墓出土
通高 22.5、口径 17.5 ~ 18 厘米

本件器口呈桃形，分裆。腹部饰以云雷纹为地的兽面纹三组，足部饰阴线蝉纹。器内壁铸有铭文："曾侯谏作宝彝"。

兽面分裆鼎流行于商代晚期至西周早期，在晚商墓葬中，常成对出现，此传统在西周初仍有延续。曾侯谏分裆鼎在叶家山 2 号墓、28 号墓各出土一对，大小、形制、铭文相同，应为同批铸造，被分置于不同的墓葬之中。

父乙亚宣共鼎

西周早期

2011 年随州叶家山墓地 2 号墓出土

通高 21.2、口径 16.5 厘米

本件器口为桃形，腹部饰三组兽面纹，兽面纹两侧
饰夔龙纹。腹内壁有铭文："父乙亚宣共"。

曾侯谏作媿簋

西周早期
2011 年随州叶家山墓地 2 号墓出土
通高 13.5、口径 18 厘米

本件颈部和圈足饰鸟纹，腹部饰直棱纹。双耳下带长方形珥的形制流行于西周早期。器内底铸有铭文："曾侯谏作媿宝尊彝"。它是曾侯谏为其媿姓夫人所作的礼器。相同的簋在叶家山 2 号墓、28 号墓各出土一对。

曾侯谏作媿甗

西周早期
2011 年随州叶家山墓地 2 号墓出土
通高 38.8、口径 23.2 厘米

本件甗鬲连体，口沿下饰一周兽面纹，
甗底有一桃圆形箅，通过先铸的环与器
体连接。鬲腹饰粗犷的兽面纹。器内壁铸
有铭文："曾侯谏作媿宝彝"。

甲鬲

西周早期

2011 年随州叶家山墓地 2 号墓出土

通高 15.7、口径 12～12.2 厘米

本件颈部饰一周六组目云纹,器内壁铸有铭文:"甲"。

　　原始瓷由高岭土制胎，表面施石灰釉，经 1200 度高温烧制而成，产地可能为长江下游地区。西周早期丰镐等政治中心地区也发现了相当数量的原始瓷器，它们可能由南方输入。叶家山墓地中随葬的原始瓷器较其他西周诸侯国墓葬更多。

瓷折肩瓿

西周早期

2011 年随州叶家山墓地 2 号墓出土

通高 14.7、肩径 20.5 厘米

瓷瓿

西周早期

2011 年随州叶家山墓地 2 号墓出土

通盖高 17.5、肩径 19.4 厘米

瓷尊

西周早期

2011 年随州叶家山墓地 2 号墓出土

通高 17.1、肩径 25.4～25.6 厘米

瓷罍

西周早期

2011 年随州叶家山墓地 2 号墓出土

通高 21.5～21.9、肩径 18.4 厘米

28 号墓位于叶家山墓地的中部，是墓地中规模较大的墓葬之一。墓口东西长 6.6～7.72 米，南北宽 4.61～4.98 米，墓深约 9.6 米，西部有斜坡墓道。葬具为 1 棺 1 椁。随葬的器物主要放置于二层台上：北部放置青铜礼器，其中青铜酒器集中摆放于一长方形漆案之上；东部以放置青铜兵器、漆木器为主；原始瓷器和青铜车马器则置于南部。此外二层台四壁均立有长方形漆盾牌。椁室内摆放车马器和兵器。玉器放置在棺内。

◎ 叶家山28号墓出土的青铜酒器

◎ 叶家山28号墓全景

◎ 叶家山28号墓椁室

◎ 叶家山28号墓二层台上的随葬青铜礼器

◎ 叶家山28号墓二层台上的兵器

◎ 叶家山28号墓二层台上的原始瓷器和漆器痕迹

◎ 叶家山28号墓椁室内的玉器、兵器

曾侯方鼎

西周早期

2013 年随州叶家山墓地 28 号墓出土

通高 23.6、口长 15.3、口宽 12.1 厘米

本件颈部饰双身共首龙纹，腹壁中间素面，凹字形区域以乳钉纹装饰，足饰兽面纹。器腹内壁及盖内均铸有铭文："曾侯作宝鼎"。方鼎盛行于晚商，至周初数量已开始减少，带盖方鼎更为少见。相同的带盖方鼎还见于叶家山 27 号墓，但铭文略有不同。

双身共首龙纹流行于商代晚期至西周中期，多见于方鼎之上，有学者认为它是一种表现立体龙身的纹饰。

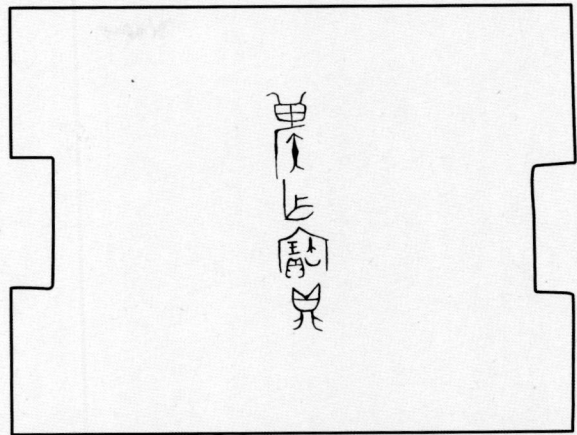
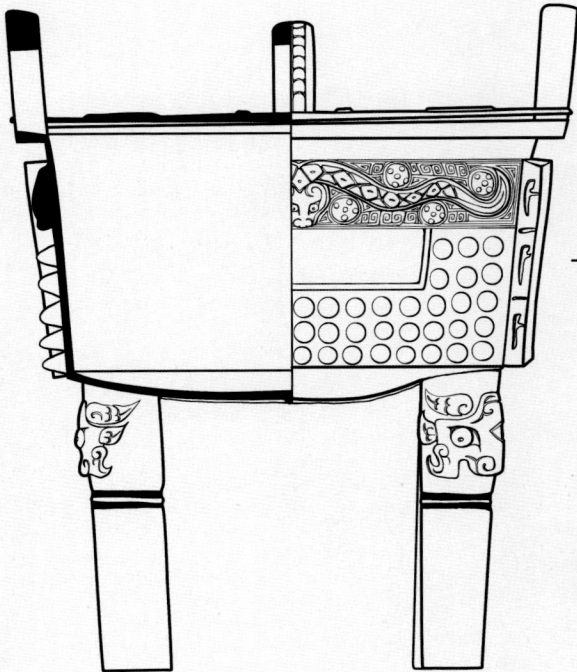

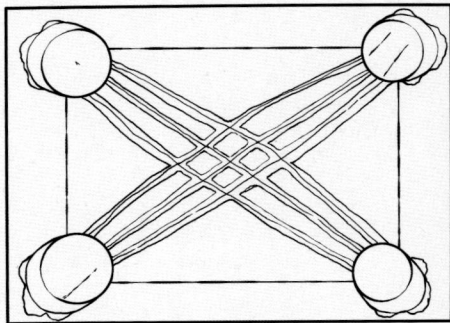

曾侯谏方鼎

西周早期

2013 年随州叶家山墓地 28 号墓出土

通高 20.8、口长 14.4、口宽 10.9 厘米

本件四角有四条齿状扉棱，口沿下饰一周鸟纹带。器腹呈素面，足上饰阴线蝉纹。器内壁近口沿处铸铭文："曾侯谏作宝彝"。凤鸟纹初见于商代晚期，流行于西周早中期。叶家山 28 号墓所出土的两件曾侯谏方鼎，大小、形制、铭文皆相同，这样的方鼎也见于叶家山 65 号墓。曾侯谏所作青铜器在叶家山墓地较为分散，多见于 28 号墓和 65 号墓。

曾侯谏鼎

西周早期

2013 年随州叶家山墓地 28 号墓出土

通高 29.4、口径 21.4～21.6 厘米

本件口沿下有一周带状纹饰，以云雷纹衬地，涡
纹、夔纹相间分布。器内壁近口沿处铸有铭文："曾
侯谏作宝彝"。

相同的曾侯谏圆鼎还见于叶家山墓地 65 号、2 号及
3 号墓。

曾侯谏作媿簋

西周早期
2013 年随州叶家山墓地 28 号墓出土
通高 13.8、口径 18.4 厘米

本件腹部饰直棱纹，颈部及圈足饰鸟纹。器内壁近
口沿处铸有铭文："曾侯谏作媿宝尊彝"。

兽面纹簋

西周早期

2013 年随州叶家山墓地 28 号墓出土

通高 16.8、口径 19.6 厘米

本件腹部饰大兽面纹，圈足饰一周夔纹。器物纹饰
皆无地纹，不同于晚商青铜器纹饰的繁复风格。

曾侯谏簋

西周早期
2013 年随州叶家山墓地 28 号墓出土
通高 17.8、口径 21 厘米

本件颈部和圈足饰细线云纹构成的兽面纹，颈部前后各饰一个浮雕兽首，是西周早期青铜簋习见的装饰。器内壁有铭文："曾侯谏作宝彝"。

曾侯鬲

西周早期

2013 年随州叶家山墓地 28 号墓出土

通高 15.7、口径 12～12.2 厘米

本件为西周早期的典型形制。颈部以弦纹为栏，内饰圆形目纹，凸起的腹部饰三组简化象首纹。器内壁铸有铭文："曾侯作宝尊"。叶家山墓地所出土的青铜鬲数量远多于西周早期其他诸侯国。

曾侯甗

西周早期
2013 年随州叶家山墓地 28 号墓出土
通高 50.6、口径 33 厘米

本件甗鬲连体，口沿下饰一周兽面纹，器腹附着清
晰的人字形竹席痕，甑底有一桃圆形算，通过先铸
的环与器体连接。鬲腹饰粗犷的兽面纹。鬲体的裆
腹部及三足上有烟炱痕。器内壁铸有铭文："曾侯
用彝"。

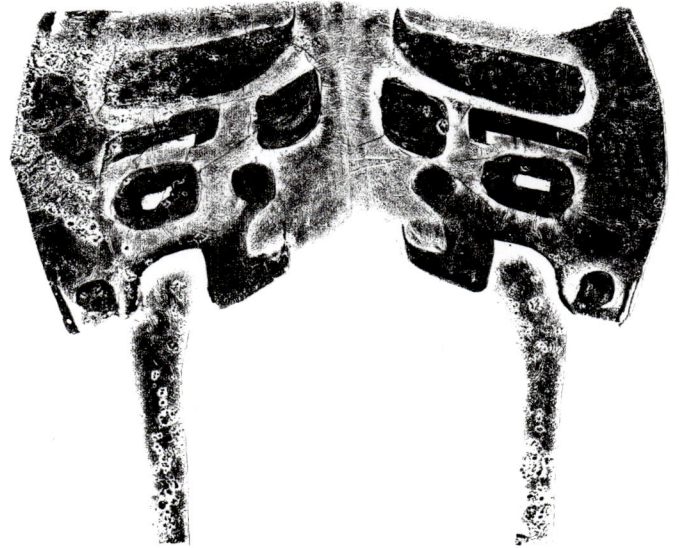

曾侯谏盘

西周早期

2013 年随州叶家山墓地 28 号墓出土

通高 14.8、口径 33.6 厘米

本件浅腹高圈足，承袭晚商时期形制。口沿下两耳间饰浮雕兽首及牛形纹。相似的牛形纹也见于四川彭县竹瓦街出土青铜器上。圈足饰一周浮雕蝉纹。浮雕纹饰立体感较强，云雷地纹细密规整，体现了较高的装饰工艺水准。盘沿上及内壁有清晰的人字形席纹痕。盘内壁中央铸有铭文："曾侯谏作宝彝"。

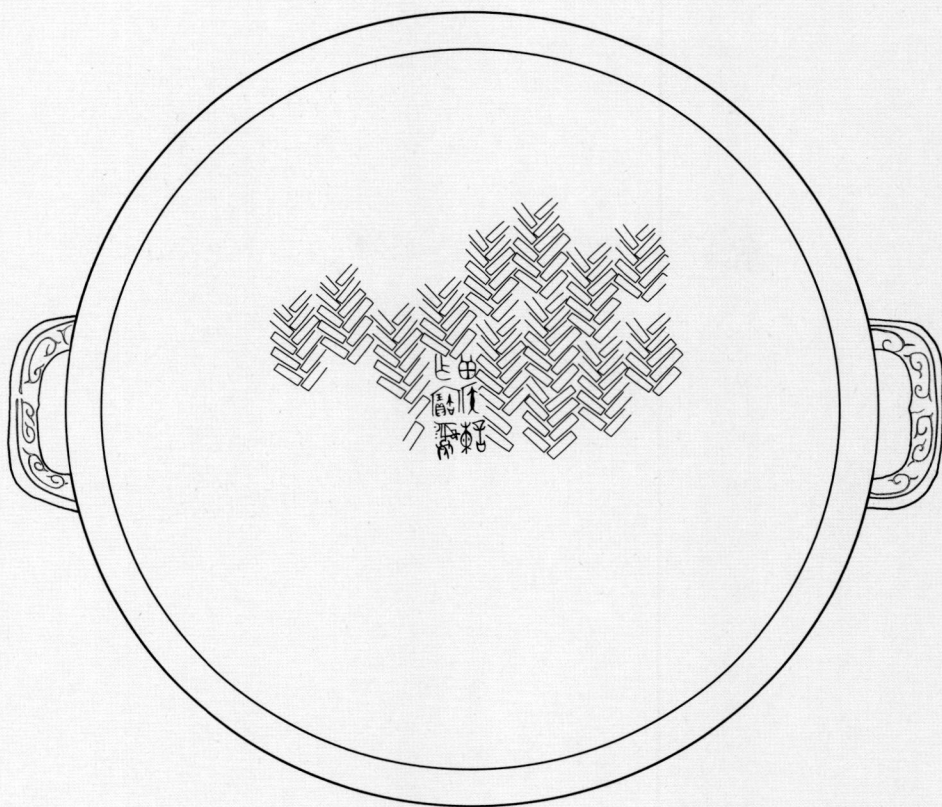

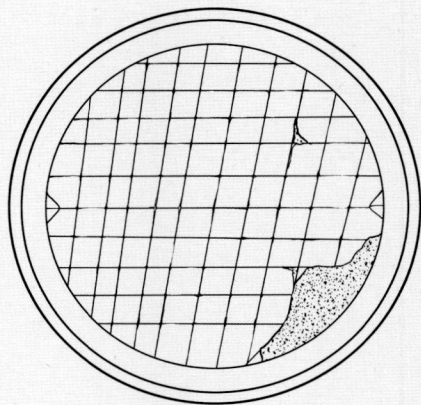

曾侯谏盉

西周早期
2013 年随州叶家山墓地 28 号墓出土
通高 30、口径 13.6 厘米

本件除三素面足外，其余器表均施以精美的三重满花纹饰。器盖立有一兔形纽。盖面饰两组牛角形兽面纹。颈部以牛纹为饰。腹部施大面积的牛角形兽面纹，爬行龙纹分列两侧。鋬部饰一兽首，双耳宽大突出。流上攀爬一龙，龙口作流口。器盖内壁中央、鋬内侧均铸有铭文："曾侯谏作宝彝"。

这类鬲形腹身盉是西周最常见的造型，但本器装饰风格繁缛华丽，浮雕圆雕层次分明，造型生动，是商周青铜器中罕见的精品。

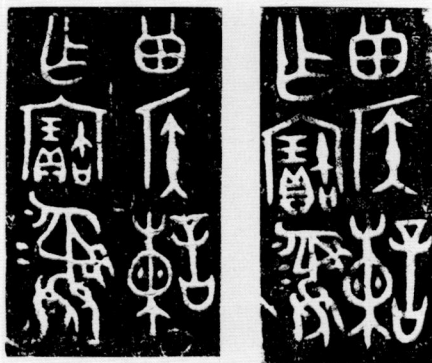

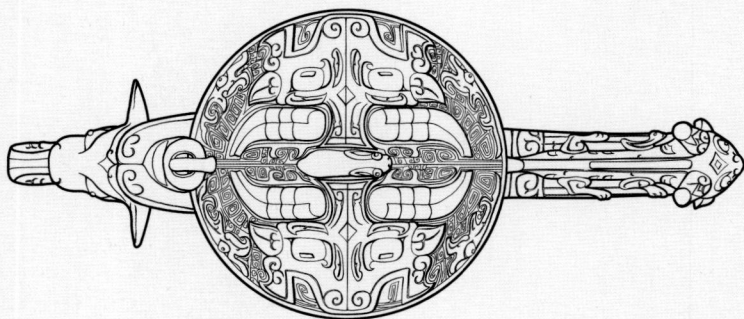

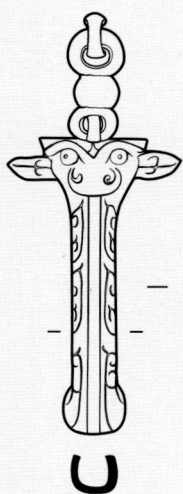
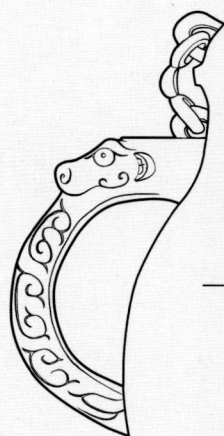

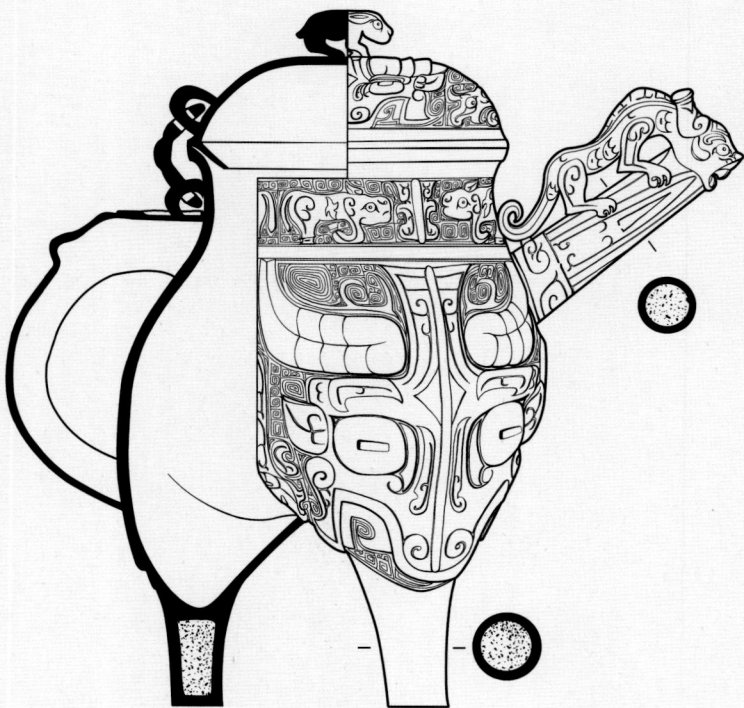

曾侯谏作媿卣

西周早期
2013 年随州叶家山墓地 28 号墓出土
带提梁通高 43.4、口长 14.8、口宽
12.2 厘米

本件盖纽呈菌状，提梁末端有兽首
带环，两带环之间各饰一浮雕兽
首。盖面和器身颈部饰带状鸟纹，
圈足上饰双身共首龙纹。器盖内壁
和器身内底铸有相同铭文："曾侯谏
作媿宝尊彝"。

曾侯谏作媿卣

西周早期

2013 年随州叶家山墓地 28 号墓出土

带提梁通高 34.8、口长 11.5、口宽 10.1 厘米

叶家山 28 号墓共出土两件大小不同的曾侯谏作媿卣，形制纹饰基本相同，与铭文相同的铜尊配套使用。一尊二卣是西周早期高级贵族使用酒器的主要组合形式。宝鸡竹园沟 8 号墓、戴家湾遗址均出土与本组形制、纹饰相似的尊卣组合。

兽面纹尊

西周早期

2013 年随州叶家山墓地 28 号墓出土

通高 26.8、口径 19.8 厘米

本件颈部及圈足光素，腹部饰两组兽面纹，兽面两侧立有回首夔纹，上下辅以两周弦纹。本件纹饰及器型都具有晚商风格。

曾侯谏作媿尊

西周早期

2013 年随州叶家山墓地 28 号墓出土

通高 30.2、口径 23.8 厘米

本件腹部的两周纹饰带，均以前后浮雕兽首为中心，两
侧分饰鸟纹。器内底铸有铭文："曾侯谏作媿宝尊彝"。

举母辛觯

西周早期

2013 年随州叶家山墓地 28 号墓出土

通高 12.6、口长 7.8、口宽 6.6 厘米

本件腹部有一铸补疤痕。器内底铸有铭文："举母辛"。

入父辛爵

西周早期

2013 年随州叶家山墓地 28 号墓出土

通高 19.9、口径 8.4 厘米

本件三足呈刀形，下部向外撇。腹部装饰两组细线兽面纹。腹部纹饰大部分被磨平，底部有补铸痕迹，表明本件器物被长时间使用。鋬下铸有铭文："入父辛"。

本件与同墓所出父辛爵纹饰接近，应为一对。

夔纹觚

西周早期

2013 年随州叶家山墓地 28 号墓出土

通高 23.5、口径 14.1 厘米

本件圆敞口，细圆筒形腹，小平底，圈足外侈。口、腹部素面。圈足饰有三层纹饰。上层在两周联珠纹中间饰目雷纹，中层饰四肢目纹，下层饰三角目雷纹一周，纹带每周分别由三组组成。外底饰阴线盘龙纹。

◎ 器底纹饰

棒形器

西周早期

2013 年随州叶家山墓地 28 号墓出土

残长 17.8 厘米

本件首部饰涡纹，柄部饰三角形勾折云雷纹。宝鸡竹园沟 13 号墓和茹家庄 1 号墓分别出土过铜质和玉质的此类器物。在叶家山墓地中，部分漆木觚中出现了铜质或漆木棒形器，推测此器应与觚配套使用。

◎ 28号墓漆木禁上的酒器

◎ 铜尊铭文（《集成》05444）所见的铜瓺与棒形器

兽面纹罍

西周早期
2013 年随州叶家山墓地 28 号墓出土
通高 42.5、口径 17.1 厘米

本件盖顶置圆形捉手，盖面饰涡纹、夔纹。双耳作扁角的兽首状。颈部下正中设一全雕兽首，两旁饰相对的卷尾夔纹。下腹部有一圆雕兽首，左右分饰兽面纹。圈足上饰长尾夔纹。罍底有悬铃。从器表颜色、纹饰观察，本件的器盖与器身可能原不是一套。盖面纹饰在中原地区出土铜器上很少见到。容器带铃是晚商、西周时期不多见的地域文化风格，随枣走廊的鄂国、曾国青铜器均有带铃的习俗。

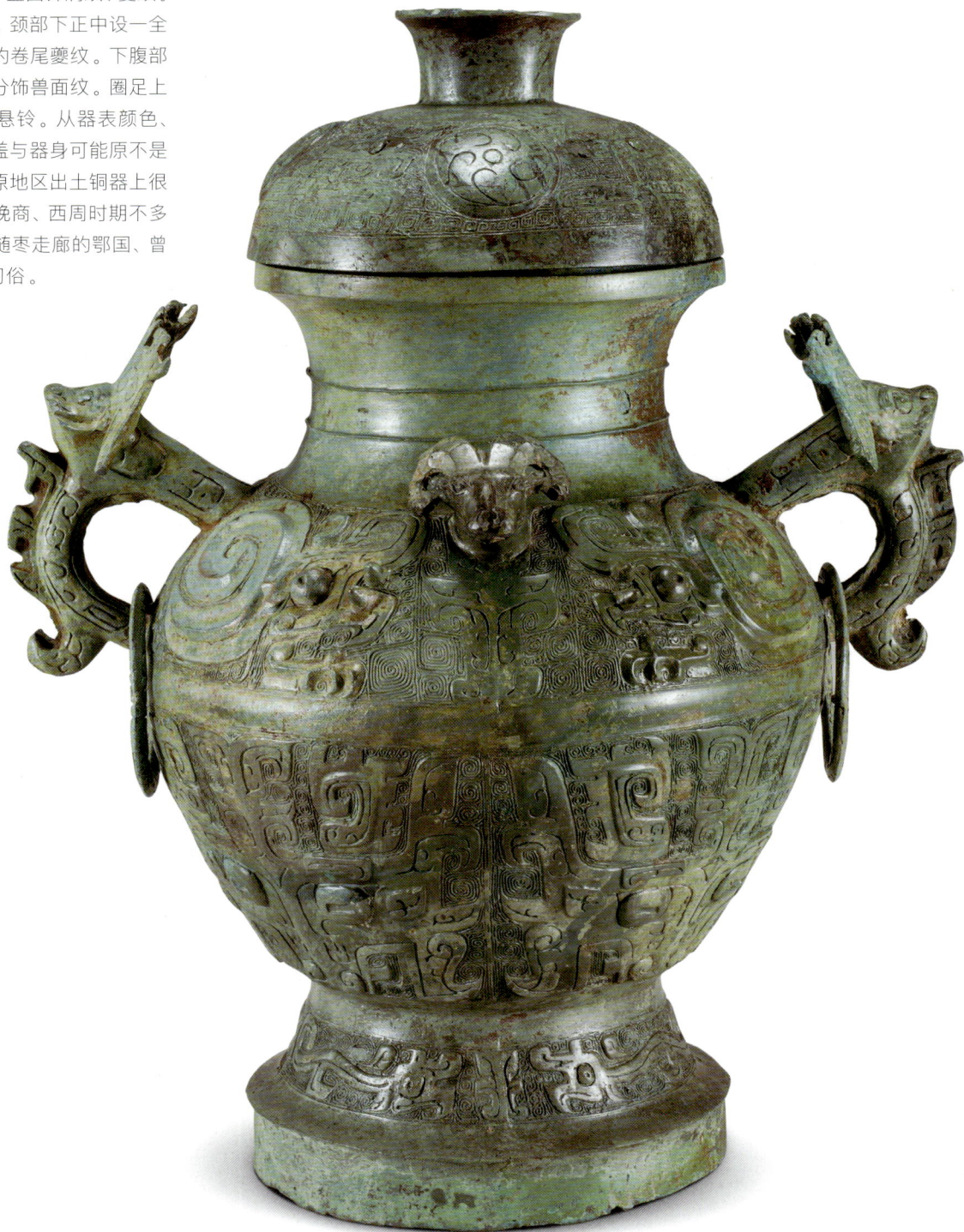

曾侯谏作媿肆壶

西周早期

2013 年随州叶家山墓地 28 号墓出土

通高 46.5、口径 8.9 厘米

本件盖沿、颈部饰一周顾首夔龙纹。壶身、圈足印有竹席痕迹。出土时，器盖捉手、壶颈及圈足饰有一周朱绘纹带，纹饰为黑底红彩尖头燕尾纹。盖内及壶内壁各铸有铭文："曾侯谏作媿肆壶"。

"肆壶"可能是陈列于祭祀仪式中的器物。近似于长筒形的贯耳壶是西周早期新出现的器型，在叶家山和一些商周之际的墓葬中发现有类似器型的铜扣木器，说明这种铜壶的原型是木器。

龙纹钺

西周早期
2013 年随州叶家山墓地 28 号墓出土
通长 19.8 厘米

本件作斧形，钺援中部饰兽面纹，两侧饰圆雕龙
纹。钺是商、西周时期高等级贵族身份的象征。

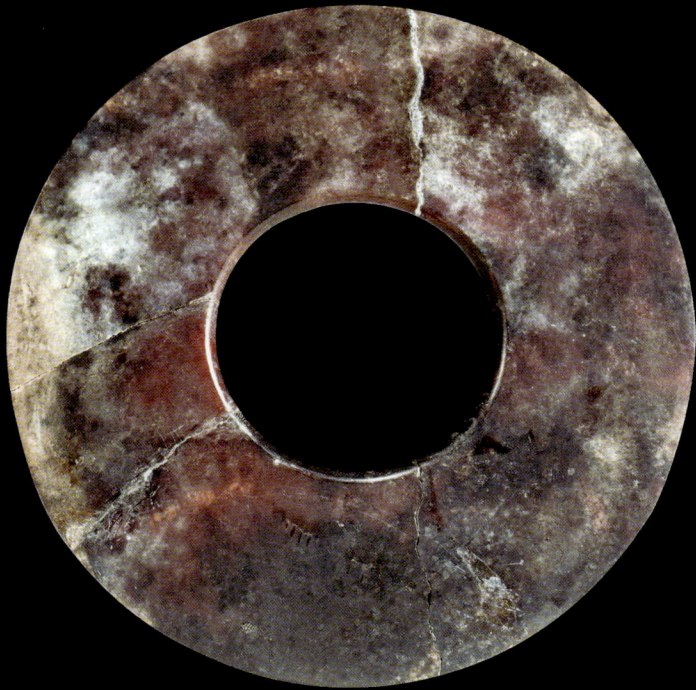

玉璧

西周早期
2013 年随州叶家山墓地 28 号墓出土
直径 14.2 厘米

本件出土于墓主胸部，灰黑色，微透明，局部
受沁。通体磨光，素面，璧孔为双向穿孔。

玉璧

西周早期
2013 年随州叶家山墓地 28 号墓出土
直径 19.8 厘米

本件青褐色，局部受沁。璧孔两面皆有
一周凸棱，璧饰六组同心圆阴线。

玉璧（2件）

西周早期
2013 年随州叶家山墓地 28 号墓出土
直径 4.1 厘米

两件玉璧形制相同，出土于墓主股骨外侧，青白
色，半透明，局部受沁。璧孔为单向穿孔。

玉琮

西周早期
2013 年随州叶家山墓地 28 号墓出土
边长 4.5 ~ 4.6 厘米

本件浅黄色，半透明，局部受沁。

玉戈

西周早期
2013 年随州叶家山墓地 28 号墓出土
长 8.6、宽 3.5 ~ 4 厘米

本件出土于墓主下腹部，灰黑色，微透明，局部
受沁。
西周墓葬所出土的大玉戈是当时最重要的礼仪用
器，多见于诸侯一级的贵族墓中。

玉棒形器（2 件）

西周早期

2013 年随州叶家山墓地 28 号墓出土

玉棒长 15.7 厘米，台座上端直径 2.9、下端直径 3.2 厘米

本件出于墓主头部左上侧，由玉棒和台座组成。黄白色，微透明，局部受沁。此类玉器在洛阳北窑 155 号墓中也曾出土。

鸟形玉佩（2 件）

西周早期

2013 年随州叶家山墓地 28 号墓出土

长 6.3、宽 3.2 厘米

本组出土于墓主下腹部，青白色，半透明，局部受沁。鸟作昂首状，头顶冠羽向后卷曲，双翅上翘，尾下垂分叉，腿呈蹲卧状。眼、翼、尾以阴线雕刻。

玉鹿

西周早期

2013 年随州叶家山墓地 28 号墓出土

通高 6 厘米

本件出土于墓主胸部右侧，青白色，半透明，部分受沁。鹿作站立回首状，双角弯曲分叉。腮饰云纹，腹部阴刻弧线纹。颈部有一单向穿孔。

玉龙（2 件）

西周早期

2013 年随州叶家山墓地 28 号墓出土

长 4.3、宽 2.6 厘米

两件玉龙形制相同。龙作伏首，龙角竖起，曲足前伸呈匍匐状。眼、嘴以阴线雕刻。角根部饰云纹，腹部饰云雷纹。嘴部有一双向穿孔

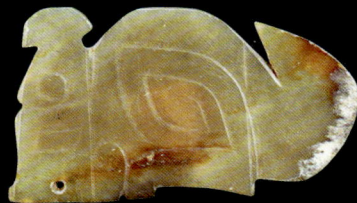

玉鱼

西周早期

2013 年随州叶家山墓地 28 号墓出土

长 6.8 厘米

本件出土于墓主胸部，青色玉质，半透明。以阴线刻出眼、鳍。腮部小孔与鱼口形成斜对穿孔。

玉鱼

西周早期

2013 年随州叶家山墓地 28 号墓出土

长 3.4 厘米

本件出土于墓主胸部，青白色，半透明，嘴部受沁。以阴线雕刻出眼、鳃、鳍，尾部分叉。嘴部有双向穿孔。

玉鱼

西周早期

2013 年随州叶家山墓地 28 号墓出土

长 12 厘米

本件青黑色，微透明，腹及尾部有沁斑。以阴线勾勒出腮、眼。嘴部有一双向穿孔。

玉鱼

西周早期

2013 年随州叶家山墓地 28 号墓出土

长 6.2 厘米

本件青灰色，微透明，局部受沁。鱼拱背呈腾跃状，尾部分叉。嘴部有一双向穿孔。

玉觽

西周早期

2013 年随州叶家山墓地 28 号墓出土

径长 3.3 厘米

本件为云母质玉，微透明，局部受沁。宽端有一双向穿孔。

玉鱼

西周早期

2013 年随州叶家山墓地 28 号墓出土

长 5 厘米

本件出于墓主头部，黄褐色，半透明，局部受沁。腹部有一道凹弦纹，以阴线勾勒出眼、腮。嘴部有一单向穿孔。此器应为改制件。

龙凤合体形玉佩

西周早期

2013 年随州叶家山墓地 28 号墓出土

长 8.8、宽 3.5 厘米

本件出于墓主头部东侧，青白色，半透明，局部受沁。头顶花冠高耸，冠羽向后弯曲，双翅后展，尾下垂分叉。冠、嘴及冠羽各有一单向穿孔。

瓷尊

西周早期

2011 年随州叶家山墓地 28 号墓出土

高 19.6～20.2、腹径 39.4 厘米

瓷瓿

西周早期

2011 年随州叶家山墓地 28 号墓出土

高 21.8、腹径 24.9 厘米

瓷瓮

西周早期
2011 年随州叶家山墓地 28 号墓出土
高 26.2 ~ 28、腹径 33 厘米

瓷豆

西周早期
2011 年随州叶家山墓地 28 号墓出土
通高 9.6、盘口径 19.6 厘米

27号墓位于叶家山墓地的中部偏东处。墓口东西长6.7~6.8米，南北宽4.9~4.95米，墓深9.3~9.8米。墓具为1棺1椁。二层台北部放置青铜礼器，东部放置漆器、陶器和原始瓷器，此外还有少量的陶器和漆木器放置于南部。组佩等玉器置于棺内。

◎ 叶家山27号墓全景

◎ 叶家山27号墓二层台上的青铜礼器

立鸟兽面纹罍

西周早期
2011 年随州叶家山墓地 27 号墓出土
通高 53.2、口径 17.3 厘米

罍盖上立有一只昂首凤鸟，展翅欲飞。盖顶至圈足均设四道扉棱。盖面饰兽面纹，角尖旋卷高出盖面，兽角下饰有蛇纹。双耳侧立兽首，颈部伸出全雕兽首，兽首均有象鼻。腹部饰兽面纹，圈足饰龙纹。器底附有悬铃。

本件造型奇异，纹饰华丽夸张，圆雕平雕地纹交错。相似的铜罍也见于四川彭县竹瓦街，体现了不同于周文化的特点。

铜钘木壶

西周早期

2011 年随州叶家山墓地 27 号墓出土

复原通高 56，盖顶直径 10.5、底座底径 13.7～14.5 厘米

"钘器"是指以金属箍于器物的口沿、底部、腹部等部位的漆木器。本件出土时漆木部分已朽，铜钘由铜盖、铜壶口和铜圈足三部分所组成。这种近似筒形的深腹壶是西周早期新出现的器型，叶家山 28 号墓有类似的铜壶出土，其原型可能是木器。

疑父方座簋

西周早期

2011 年随州叶家山墓地 27 号墓出土

通高 21、口径 17.9 厘米

本件腹部饰卷尾夔纹。圈足以云雷纹为地，饰一周
爬行龙纹。方座侧面饰牛角形兽面纹。器底铸有铭
文："疑父作宝尊彝"。

方座簋流行于西周早期，是簋和方形禁案的结合，
不见于晚商青铜礼器，可能是早期周人所特有的一
种器类，在叶家山墓地并不多见。

曾侯方鼎

西周早期
2011 年随州叶家山墓地 27 号墓出土
通高 20.3、口长 16.9、口宽 13.3 厘米

本件与叶家山 28 号墓出土的曾侯方鼎器型、纹饰
基本相同，唯铭文略有区别。腹内壁和器盖铸有铭
文："曾侯作宝尊彝鼎"。"侯"字反书。

111号墓位于叶家山墓地南部中心处。墓口长约13米，宽约10米，墓深约9米，有斜坡墓道。葬具至少为1棺1椁。二层台四壁立有大量长方形漆盾。其北部分类放置青铜食器、酒器、水器，东部有漆木器和原始瓷器，铜兵器位于南部，西部则是青铜编钟和少量铜兵器。棺内主要有车马器和玉器。111号墓墓主为曾侯犺，是目前已发现的墓室规模最大的西周早期墓葬。

◎ 叶家山111号墓全景

◎ 叶家山111号墓出土的青铜编钟

叶家山 111 号墓随葬一组保存完好的编钟。编钟由一件镈钟和四件甬钟组成，其中两件甬钟上发现了最早的双音钟侧鼓音（第二基频）的标识符号。通过测音得出，五件编钟共计十个音高，构成六声音列，为四声七律，内含周代音阶骨干结构"羽（La）—宫（Do）—角（Mi）—徵（Sol）"。这组编钟是西周早期出土数量最多的双音编钟，对研究我国古代乐悬制度及音乐发展具有重要的学术价值。

叶家山111号墓出土编钟测音、测量基本数据与听感对照表

标本	正鼓音	侧鼓音	听感
M111:11	$\#C_5^{-48}$	E_5^{+5}	La（羽）—Do（宫）
M111:7	$\#G_4^{-26}$	B_4^{+47}	Mi（角）—Sol（徵）
M111:13	E_4^{-4}	$\#G_4^{+39}$	Do（宫）—*
M111:8	$\#C_4^{-41}$	F_4^{-32}	La（羽）—*
M111:5	B_3^{-7}	D_4^{-24}	Sol（徵）—*

A4 = 440 Hz。标本的前后顺序依正鼓音高顺序排列。

◎ 叶家山111号墓二层台上的青铜食器

◎ 叶家山111号墓二层台出土的青铜食器

◎ 叶家山111号墓二层台上的青铜酒器、水器

◎ 叶家山111号墓二层台出土的青铜酒器、水器

蟠龙兽面纹罍

西周早期
2013 年随州叶家山墓地 111 号墓出土
通高 47.9、口径 17.2 厘米

本件圆盖隆起，盖顶有一圆雕蟠龙，盖面饰云雷
纹。肩两侧设兽首形半环耳，耳衔圆环。肩部立有
圆雕牛首，左右各饰一组相对的卷尾龙纹。腹部以
大兽面纹为饰。下腹有一兽首鋬。圈足饰夔龙纹。
这种带有高浮雕装饰的罍只见于周文化边缘地区，
如四川彭县竹瓦街和辽宁喀左等地。

夔纹扁足鼎

西周早期
2013 年随州叶家山墓地 111 号墓出土
通高 16.1、口径 13.8 厘米

本件口沿下饰一周兽面纹带。扁足造型为夔龙，是
西周早期典型的形制。

兽首形面具

西周早期

2013 年随州叶家山墓地 111 号墓出土

通高 22.3、面宽 16.1～21.4 厘米

本件水牛状粗角上翘，耳、眉、眼、鼻向外凸起，眼部有穿孔。两眉上及鼻部的内壁有半环形纽，应为穿系绳带之用。

半环形龙纹钺

西周早期

2013 年随州叶家山墓地 111 号墓出土

通高 29.4、銎径长 3.3、宽 2.1 厘米

111 号墓出土三件半环形钺，形制基本相同。本件器身饰半环形龙纹，椭圆形銎作龙首。半环形钺不同于一般的斧形钺，应是西周早期新出现的器型，往往为国君一级的贵族所用。

西周时期出土半环形钺的墓葬及墓主身份对照表

地点	墓主身份
浚县辛村	可能为康侯
灵台白草坡 1 号墓	泾伯
长安张家坡 170 号墓	井叔
韩城梁带村 27 号墓	芮伯
韩城梁带村 502 号墓	芮伯
随州叶家山 65 号墓	曾侯
随州叶家山 111 号墓	曾侯

1号墓位于叶家山墓地东北部，是该墓地最先发现的一座墓葬。该墓因遭取土破坏，墓口残长约3.6米，墓宽约2.5米，墓深约2.6米。葬具为1棺1椁。棺底中央腰坑殉狗1只。随葬器物主要置于西部和南部的二层台上，有铜器、陶器、漆木器和骨器。玉器出自棺内。铜器保存完好，漆木器仅存痕迹。

师圆鼎

西周早期

2011年随州叶家山墓地1号墓出土

通高29.1、口径24厘米

本件颈部两弦纹间饰一周圆涡纹，器表光洁平滑，制作后经打磨。器内壁铸有铭文："师作父癸"。

师圆鼎

西周早期

2011 年随州叶家山墓地 1 号墓出土

通高 56、口径 40.4 厘米

本件器型高大。立耳饰索纹，口沿下饰浮雕兽面纹带一周，兽面以短扉为鼻梁。器腹、外底及足根部有烟炱痕迹。器内壁铸有铭文："师作父乙宝尊彝"。

师方鼎（4件）

西周早期
2011 年随州叶家山墓地 1 号墓出土
通高 23.2、口长 14.2、口宽 17.4 厘米

叶家山 1 号墓出土四件方鼎，大小、器形、纹饰相
同，为晚商风格。器身有八条齿状扉棱，腹部饰大
兽面纹，两侧分置倒立夔纹，以云雷纹为地。足根
处铸有小兽面，以短扉棱为鼻梁。器内壁铸有铭文：
"师作父癸宝尊彝"。

四件方鼎是极高规格的青铜器组合。国君级别的叶
家山 28 号墓、111 号墓均出土有四件方鼎。

龙纹鼎

西周早期
2011 年随州叶家山墓地 1 号墓出土
通高 16.5、口径 11.6 厘米

本件直颈，腹部外凸，颈部以云雷为地，饰一周双身同首龙纹，龙体曲屈处分别填有凸起的四个圆涡纹。这一纹饰在方鼎、尊、卣等器类中常见，较少见于圆鼎。这种形制特殊的鼎还有台北故宫博物院藏父乙鼎、父辛鼎。

兽面蕉叶纹鼎

西周早期

2011 年随州叶家山墓地 1 号墓出土

通高 27、口径 19.3 厘米

本件器口为桃圆形。器身通体饰花纹。上腹部饰一
周以云雷纹为地的浮雕兽面纹带，下腹部饰一周以
云雷纹为地的浮雕蕉叶纹，每组蕉叶纹分别由两对
头上尾下的变形夔纹组成，足饰阴线蝉纹。器外底
及腹部有黑色烟炱痕迹。

兽面纹簋（2件）

西周早期

2011 年随州叶家山墓地 1 号墓出土

M1：13 通高 16.7～17、口径 22.2 厘米

M1：04 通高 16.8、口径 22.4 厘米

本组铜簋形制、纹饰基本一致。腹部饰大兽面纹，
兽面纹两侧伸出躯体和卷尾，圈足上饰鸟纹，纹饰
具有晚商时期青铜器的风格。

象首纹鬲

西周早期
2011 年随州叶家山墓地 1 号墓出土
通高 15.2、口径 12.2～12.4 厘米

本件利用凸起的腹部装饰类似半浮雕的象首纹。器
外底残留有烟炱痕迹。

兽面纹甗

西周早期
2011 年随州叶家山墓地 1 号墓出土
通高 41～41.9、口径 24.2～25.2 厘米

本件甑鬲连体，甑内底有桃形三角箅。甑耳饰索
纹。口沿下饰一周以云雷纹为地的兽面纹带。鬲三
足饰更为夸张的兽面纹。

父癸觚

西周早期
2011 年随州叶家山墓地 1 号墓出土
通高 28.2、口径 16.2 厘米

本件颈部饰蕉叶纹。中腰饰以云雷纹为地的
二组兽面纹。圈足上部施对称四叶目纹,下
部饰兽面纹。圈足内壁铸有铭文:"父癸"。
本件通体细密繁缛的纹饰,体现出晚商的装
饰风格。

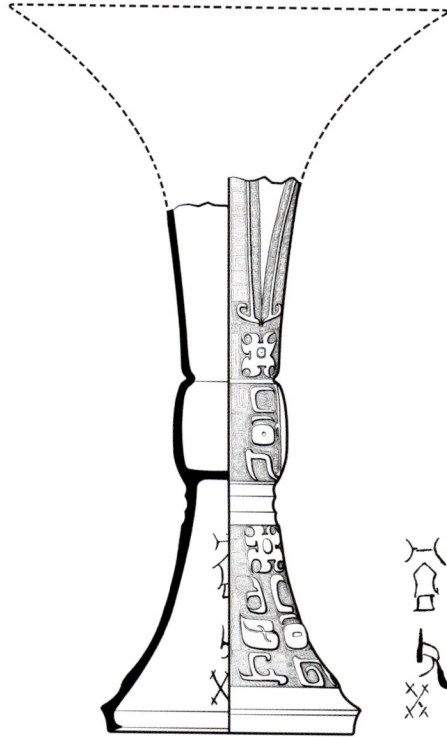

弦纹觯

西周早期
2011 年随州叶家山墓地 1 号墓出土
通高 17.1、口径 8~8.4 厘米

本件装饰简单，仅在颈部饰两周平行弦纹。

兄乙爵

西周早期

2011 年随州叶家山墓地 1 号墓出土

通高 21.2、口径 8 厘米

本件腹部饰兽面纹，兽尾等以细线云雷纹构成。云雷纹多被磨平，可能是长时间使用的结果。鋬下有铭文："兄乙"。

兽面纹尊

西周早期
2011 年随州叶家山墓地 1 号墓出土
通高 29.6、口径 22.1 厘米

本件敞口，中腹外鼓，圜底，高圈足外撇。腹部上
下各施二道平行弦纹，弦纹之间饰两组以云雷纹
为地的浮雕兽面纹，兽面两侧上部各饰一浮雕夔龙
纹，夔龙下饰浮雕鸟纹。

父丁☒斝

西周早期
2011 年随州叶家山墓地 1 号墓出土
通高 34.9、口径 19.2 厘米

本件鋬作兽首形，器颈饰平行凸起弦纹二周。足腹间饰三组双线"个"形阳文。腹部残留有席纹痕迹。鋬下铸有铭文："父丁☒"。此器硕大厚重，制作精细，器形及纹饰表明其制作时间可能为商代。斝作为温酒器，流行于商至西周早期。

弓形器

西周早期
2011 年随州叶家山墓地 1 号墓出土
通长 37.6 厘米

弓形器被认为与北方游牧民族有关，可能用于钩挂缰绳。

◎ 叶家山50号墓二层台上的青铜礼器和原始瓷器

◎ 叶家山50号墓出土的青铜礼器

龙纹方鼎

西周早期
2011 年随州叶家山墓地 50 号墓出土
通高 23.7、口长 18.6、口宽 14.5 厘米

本件浅腹高足，为西周早期方鼎常见的形制。上腹
饰双身共首龙纹，龙身有云状鳍。下腹中部的长方
框为素面，其左右两侧各有一只立鸟。器内壁铸有
铭文："犺伯作宝尊彝"。

兽面纹方座簋

西周早期
2011 年随州叶家山墓地 50 号墓出土
通高 22.9、口径 18.4 厘米

本件腹部饰兽面纹，耳作圆雕兽首形，其下各有一垂珥。圈足饰一周夔纹，方座四面饰无地纹的大兽面纹。簋外底附有悬铃。

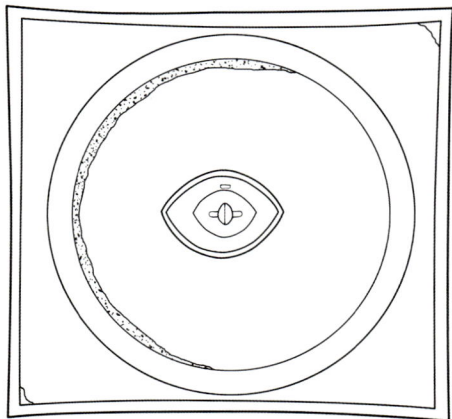

兽面纹觯

西周早期
2011 年随州叶家山墓地 50 号墓出土
通高 11.8、口径 7.7～6.4 厘米

本件无盖，扁圆形腹下垂。腹部饰二组浮雕兽面
纹。圈足饰二道平行凸弦纹。

作宝尊彝卣（附斗）

西周早期

2011 年随州叶家山墓地 50 号墓出土

卣：带提梁通高 25.3、口长 11.1、口宽 8.2 厘米

斗：通长 21.5、口径 2.8 厘米

本件卣出土时内装一件斗。斗是挹酒的器具。不少
商周时期的卣、尊出土时，器内都有斗。器盖内壁
和器内底铸有铭文："作宝尊彝"。

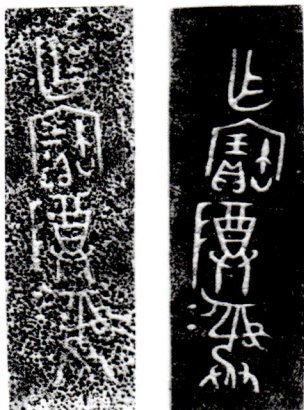

126 号墓位于叶家山墓地东南部台地的偏南处。墓口东西长 4.42 米，南北宽 3.16 米，墓深 6 米。葬具为 1 棺 1 椁。主要随葬品为铜器、原始瓷器、玉器。大型礼器主要分布在东部的熟土二层台上，棺椁之间分布有兵器、车马器，棺内有车马器、兵器、玉器。126 号墓的墓主为麻于，应是曾国的一位高等级贵族。

◎ 叶家山126号墓全景

◎ 叶家山126号墓二层台上的青铜礼器

祖己鼎

西周早期
2013 年随州叶家山墓地 126 号墓出土
通高 28.9、口径 22.8～23.1 厘米

本件口沿下饰一周以涡纹、鸟纹、龙纹所组成的纹
饰带。器底有一层较厚的烟炱痕迹。器内壁铸有
铭文："丁亥，王锡祖己口（粔？）鬯鼎，锡彤弓，
锡贝五朋，用作父乙尊彝。举举"。

兽面纹方座簋

西周早期

2013 年随州叶家山墓地 126 号墓出土

通高 22.3、口径 18.3 厘米

本件双耳作圆雕兽首，下设垂珥。腹部饰两组兽面纹，
圈足以一周爬行龙纹装饰。方座四周饰兽面纹。

兽面纹簋

西周早期

2013 年随州叶家山墓地 126 号墓出土

通高 15.8、口径 20.2 厘米

本件颈部、圈足均以一周兽面纹装饰。口沿正下方
及双耳设有浮雕兽首。

兽面纹甗

西周早期

2013 年随州叶家山墓地 126 号墓出土

通高 41.4、口径 26.3 厘米

本件甑、鬲连体。甑耳饰索纹，甑口沿下饰一周兽
面纹，三足上部饰浮雕兽面纹。器表遍布烟炱。

麻于尊

西周早期
2013 年随州叶家山墓地 126 号墓出土
通高 28.4、口径 21.4 厘米

本件外壁有四道纵向长扉。纹饰从上至下分三段，上段
颈部饰蝉纹和鸟纹，中段腹部和下段圈足饰兽面纹。器
内底铸有铭文："麻于肇畜马、谷、贲。用作父戊宝彝。
庚册。"铭文大意是说麻于因为养马而受到赏赐，因此
制作了用来祭祀父戊的铜器。"庚册"是表示麻于族氏
的铭文。

第三单元 • 始封江汉：叶家山

麻于卣

西周早期

2013 年随州叶家山墓地 126 号墓出土

带提梁通高 36 厘米、口长 16.5、口宽 12.8 厘米

本件全器满花，以云雷纹为地。提梁饰蝉纹，提梁两端圆雕兽头作牛首。盖顶有菌状纽，盖面饰兽面纹。盖及器身有四条纵向扉棱。颈部饰龙纹带一周。腹部饰兽面纹，兽尾下两侧各饰一凤鸟纹。圈足饰蛇纹带。本件盖、器对铭，各铸有铭文："麻于肇畜马、谷、赏。用作父戊宝彝。庚册"。

尊和卣是商代晚期至西周早期常见的酒器组合。麻于尊、卣通体纹饰精美繁缛，是这一时期的青铜器精品。

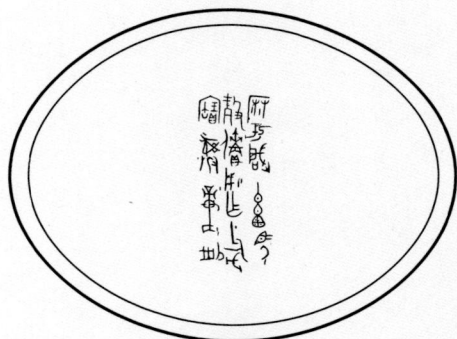

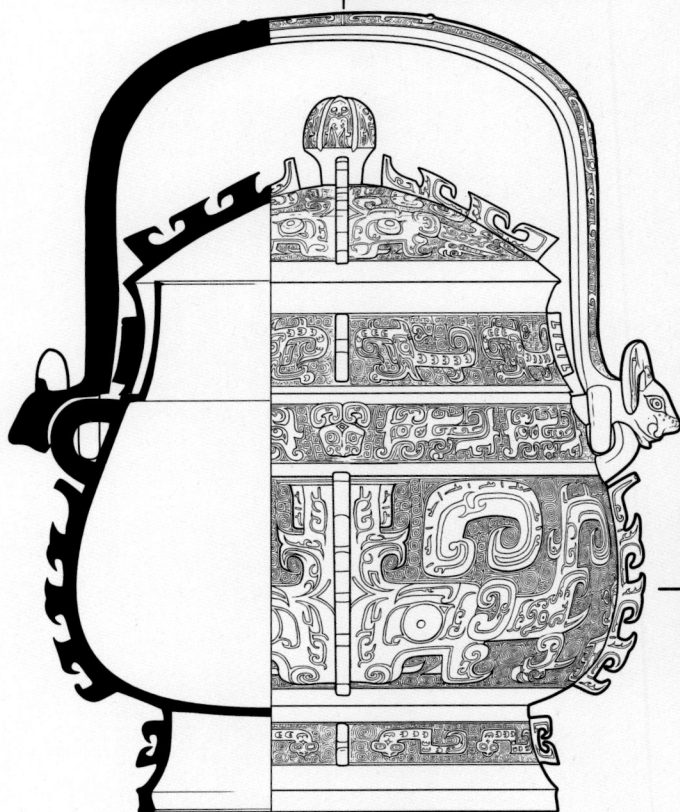

戈父癸尊

西周早期
2013 年随州叶家山墓地 126 号墓出土
通高 29.1、口径 21.9 厘米

本件腹部饰兽面纹，左右分饰鸟纹。器内底铸有铭
文："戈父癸"。戈族是商代晚期重要的部族。

木奚卣

西周早期

2013 年随州叶家山墓地 126 号墓出土

带提梁通高 36.8、口长 15.5、口宽 10.9 厘米

本件呈椭圆形，提梁两端有兽首形圆环。盖
顶中心有一菌状纽，盖沿下折内束成母口。
器长颈，子口与盖套合，深弧腹略鼓，圜底，
高圈足外撇。提梁饰双身共首蝉纹，口沿下
饰一周双首共身龙纹。盖内铸有铭文："木奚
作父庚宝彝"。器内底铸有铭文："木奚作父
庚宝尊彝"。"父"字反书。

叶家山 126 号墓出土木奚卣两件，形制、纹
饰与铭文相同，只是大小有别。

木奚卣

西周早期
2013 年随州叶家山墓地 126 号墓出土
带提梁通高 31.5、口长 12.6、口宽 9.2 厘米

庚父戊爵

西周早期
2013 年随州叶家山墓地 126 号墓出土
通高 18.9、口径 7.3 厘米

本件昂流翘尾，尾作燕尾形。两柱顶作伞状，顶面
中央隆起一个乳突饰。腹侧有一兽首形鋬，三刀形
足外撇。口沿下饰蕉叶纹，器腹饰以云雷纹为地的
兽面纹。鋬内铸有铭文："庚父戊"。
叶家山 126 号墓出土庚父戊爵两件，形制、纹饰与
铭文均相同。

西周早期
2013 年随州叶家山墓地 126 号墓出土
通高 18.8、口径 7.2 厘米

祖己爵

西周早期

2013 年随州叶家山墓地 126 号墓出土

通高 23.4、口径 8.6 厘米

本件伞帽装饰卷云纹。鋬饰浮雕牛头兽首。器腹饰
以云雷纹为地的四瓣目纹。鋬下铸有铭文："祖己"。

祖爵

西周早期
2013 年随州叶家山墓地 126 号墓出土
通高 18.5、口径 6.7 厘米

本件通体光素，仅在鋬两侧各饰三条短线纹。鋬下
铸有"△"形阳文，应为"祖"字，与祖己铜爵为同
一人所作之器。

𝍂父己觶

西周早期

2013 年随州叶家山墓地 126 号墓出土

通高 16.7、口长 7.5、口宽 6.7 厘米

本件敞口，长颈略束，椭圆腹下垂，圜底，喇叭口形高圈足。颈下饰一周云雷纹带，圈足饰三角雷纹带一周。器内底铸有铭文："𝍂父己"。

兽面纹觶

西周早期

2013 年随州叶家山墓地 126 号墓出土

通高 14.2、口径 8.3～8.5 厘米

本件敞口，窄方唇，长颈略束，深腹略下垂，圜底，高圈足外撇。颈下和圈足各饰两道凸弦纹。腹部饰兽面纹。

叶家山墓地出土的青铜器铭文表明，曾国的始祖是周初贵族南公，曾国是西周早期周王分封到南方的重要封国。叶家山墓地出土的铜锭、原始瓷等说明曾国是江汉地区资源和文化交流的枢纽。

南公簋

西周早期
2013 年叶家山墓地 111 号墓出土
通高 31、口径 23.4 厘米

本件敞口外侈，方唇，束颈，弧壁，圆腹略鼓，高圈足下接方座。兽首形半环双耳下附一长方形垂珥。方座簋之圈足底内中部悬一小铃。

器表通体花纹繁缛，腹部饰浮雕兽面纹带。兽面两侧各饰一倒立浮雕夔龙纹。圈足饰一周两组夔龙纹带。方座各面有一浮雕兽面纹。器内壁铸有铭文："犺作烈考南公宝尊彝"。

铜锭（2件）

西周早期

2013 年随州叶家山墓地 28 号墓出土

圆形铜锭：直径 29.5、边沿厚 1.8 厘米，重 2865 克

长方形铜锭：长 36.3、宽 14.1～14.6、厚 1.2～2.3 厘米，
重 2960 克

叶家山 28 号墓、111 号墓中均发现了随葬的铜锭。
28 号墓出土两件铜锭材质均为红铜，铜含量达
99％以上。铜锭是铸造青铜器的原料。青铜器是
先秦时期权力、财富的象征，铜是极为重要的战略
资源。青铜器铭文中有不少周王"赐金"的记载，
"金"指的就是铜。

铜锭

◎ 叶家山28号墓铜锭出土位置

◎ 叶家山111号墓出土的象牙

叶家山 111 号墓出土的象牙是西周时期墓葬中首次出土的完整象牙。《诗经·鲁颂·泮水》："憬彼淮夷，来献其琛。元龟象齿，大赂南金"，意思是被征服的淮夷献来珍宝，包括大龟、象牙、美玉和青铜。象牙在商周时期被高级贵族用于制作奢侈品和祭祀。在相当于商代晚期的四川三星堆遗址、金沙遗址中曾出土大量的完整象牙，中原地区考古发现的多为牙雕制品。

今湖北随州枣阳一线位于桐柏山与大洪山之间、汉水之东，北通南阳盆地，南联江汉平原，被称为"随枣走廊"。周王朝将同姓的曾国分封于此，作为控制南方铜矿资源，经略江汉地区的战略支点。昭王南征楚人时，即以同在今随州的曾、鄂两国为军事据点。曾国在三代曾侯之后离开叶家山所在区域可能也与昭王南征失败有关。

◎ 静方鼎铭文拓片

释文：唯十月甲子，王在宗周，令师中眔静省南国，□□应。八月初吉庚申至，告于成周。月既望，丁丑，王在成周太室，令静曰：俾汝□司在曾、鄂师。王曰：静，赐汝鬯、旂、戟、采霉，曰用事。静扬天子休，用作父丁宝尊彝。

静方鼎铭文记载了昭王南征伐楚的史事。周王命静与师中作为先行官视察南国，任务完成后静回到成周，周王又让他去管理曾、鄂两地的军队，说明曾及其邻国鄂国是周王朝在南方的重要军事据点。

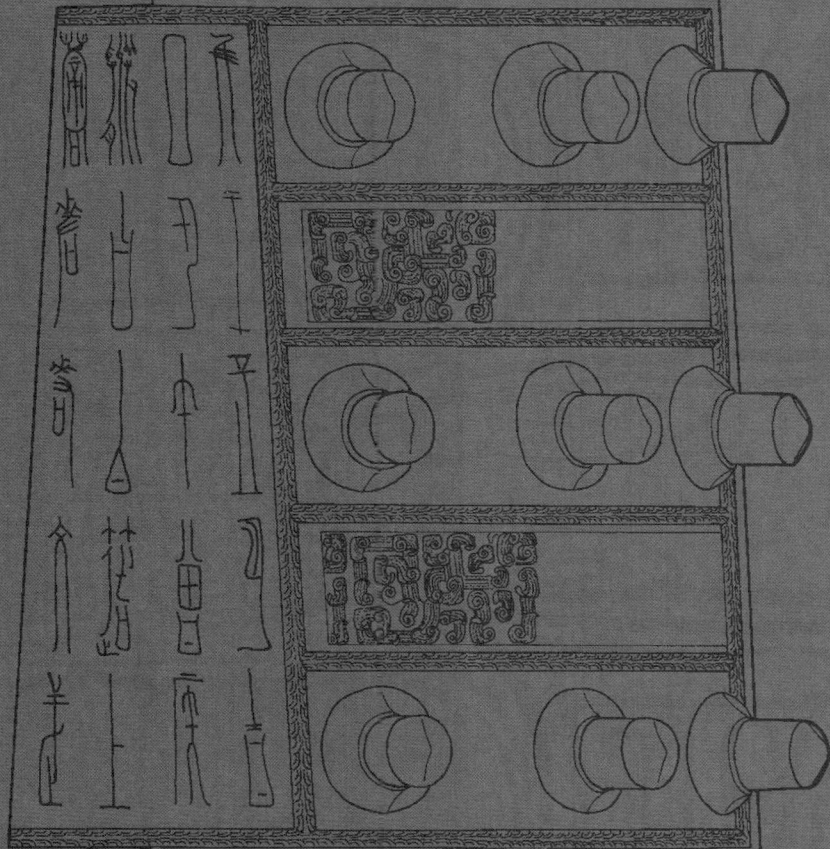

第四单元

解谜曾国：文峰塔

文峰塔墓地位于湖北省随州市曾都区东北部，属于义地岗墓群。20世纪70年代以后，这里不断发现春秋中晚期至战国中期的曾国青铜器和墓葬。2009年以来，考古学家在此进行了大规模发掘，为重构曾国历史提供了新的线索。特别是曾侯與墓出土甬钟上的铭文，成为破解曾国之谜的关键。

奇升鼎

春秋晚期
2012 年随州文峰塔墓地 29 号墓出土
通高 28、口径 36.5 厘米

本件侈口，平底，束腰，双耳外撇。腹上部饰连续
式的卷龙纹，下部饰三周垂鳞纹，中间以凸棱相
隔。器内底铸有铭文："奇之升鼎。"器身上的垂鳞
纹多见于西周晚期到春秋早期的青铜器。

奇方座簋

春秋晚期

2012 年随州文峰塔墓地 29 号墓出土

通高 31.4、口径 23.5 厘米

本件盖顶设花瓣形捉手，侈口，颈部微束，两耳残
断，圈足下设方座。器盖近口沿处饰一周卷龙纹。
器身颈部以浮雕兽首为中心，饰一周窃曲纹，腹部
和方座饰环带纹。器内壁铸有铭文："奇之祭匜"。
本件带方座的造型模仿了西周早期铜簋，但环带纹
则是西周晚期铜鼎、铜壶上常见的纹饰。

兽面纹匜

春秋晚期

2012 年随州文峰塔墓地 35 号墓出土

通高 11.9、通长 18.8 厘米

本件器身呈桃形，短流封口，流饰以兽面纹，设浮
雕兽首鋬，腹部口沿下饰蟠螭纹。

蟠螭纹盘

春秋晚期

2012 年随州文峰塔墓地 35 号墓出土

通高 8.2、口径 35.9 厘米

本件腹部设四个环耳，其中左右两环耳下有衔环。
口沿下饰一周重环纹，腹部饰蟠螭纹。

蟠螭纹鼎

春秋晚期
2012 年随州文峰塔墓地 35 号墓出土
通高 25.2、口径 22.2 厘米

本件盖顶有盘状捉手，附耳，蹄足，圜底。盖面及
器身口沿下饰蟠螭纹，纹饰不甚清晰。

曾侯與甬钟

春秋晚期

2009 年随州文峰塔墓地 1 号墓出土

修复后通高 126.5、铣间 53.5 厘米

曾侯與编钟现存 8 件。本件为 2 号，出土时已残，后经修复，其中一背面左鼓部分残片为私人收藏。钟体为合瓦形，铣边有棱，平舞，旋上有浮雕蟠螭纹的圆泡形四乳。斡作方形纽状。甬体中空，甬、旋、斡、舞均饰浮雕繁密蟠螭纹。钟体上以索纹凸棱为界框，篆带饰浮雕蟠螭纹，枚带无纹。全钟正背面共 12 个枚带 36 个枚。鼓部饰有蟠螭纹构成的浮雕龙纹。

本件铭文与 1 号甬钟基本相似，行款略有不同，可据 1 号甬钟补足。曾侯與编钟的长篇钟铭叙述了曾侯與的祖先，曾国与周、楚的关系。根据铭文记载，曾国始祖为南宫适，因为辅佐周文王、武王伐殷有功，被分封到江汉地区以镇抚淮夷。《左传》记载的"吴师入郢""昭王奔随"也可以与铭文的"吴恃有众庶，行乱""复定楚王"等内容对照。

正面钲部铭文：惟王正月，吉日甲午，曾侯與曰：伯适上庸，左右文武

正面左鼓部铭文：挧殷之命，抚定天下。王遣命南公，营宅汭土，君庇淮夷，临有江夏。周室之既卑

背面右鼓部铭文：吾用燮就楚

背面钲部铭文：厥圣。亲搏武功，楚命是静。复定楚王。曾侯之灵，穆穆曾

反面左鼓部铭文：侯，庄武畏忌，恭寅斋盟。代武之表，怀燮四方。余申固楚城，改复曾疆。择台吉金，自作宗

正面右鼓部铭文：彝，龢钟鸣皇，用孝以享于台皇祖，以祈眉寿，大命之长，其纯德降余，万世是尚。

文峰塔 18 号墓的墓主为曾侯丙，其年代略晚于曾侯乙墓。墓坑平面呈亚字形，墓坑南部有一长方形阶梯墓道，残长 6.6 米，共有 15 级阶梯。墓口长约 16.6 米，宽约 15.6 米，墓深约 9 米，墓坑四周设有三级台阶。葬具为木质 1 椁 3 棺。椁室呈"中"字形，分东、南、西、北、中五室，仅东室未被盗掘，出土有 70 余件铜器。在墓坑的东北西三面还各有一个方形附坑，这一墓葬形制为过去所不见。

◎ 文峰塔18号墓墓圹及墓道

◎ 文峰塔18号墓东室

错金云纹鉴缶

战国中期

2012 年随州文峰塔墓地 18 号墓出土

缶通高 29.2、口径 9.5 厘米，鉴通高 27、口径 45.7
厘米

本件是组合器，由鉴、缶两件器物组成，有冰酒、
温酒的双重作用。四只龙形爬兽攀附于圆鉴上。器
身满饰错金三角勾连云纹，并镶嵌绿松石，装饰风
格繁缛。鉴盖附两个提环，饰镂空蟠螭纹。缶放置
于鉴内正中，器身满布错金三角勾连云纹，镶嵌的
绿松石多已脱落。缶盖有一盘形捉手，器身两侧设
铺首衔环。

本件装饰精美、扣合严密，体现了战国时期高度发
达的青铜器铸造、装饰工艺水平。

环带纹壶

战国中期

2012 年随州文峰塔墓地 18 号墓出土

通高 64.4 厘米

本件器盖饰一周莲瓣，其下饰蟠螭纹。颈部设兽首半环耳衔环，饰交缠龙纹。器身施以环带纹。圈足饰蟠螭纹，纹饰不甚清晰。本件造型纹饰仿西周铜壶，但铸造较粗糙。

蟠螭纹镬鼎

战国中期
2012 年随州文峰塔墓地 18 号墓出土
通高 63、口径 59.8 厘米

本件器型厚重，附耳，蹄足。双耳及器身口沿下饰
蟠螭纹。腹部凸棱上设有两环。三足饰浮雕兽首。

第五单元

曾国考古
新发现

2015 年以来，京山苏家垄遗址、随州汉东东路墓地、枣树林墓地等曾国考古工作不断取得新进展。曾国历史、曾侯世系日渐清晰，曾随之谜得到彻底破解。2019 年我国政府成功将『曾伯克父』青铜组器追索回国。它们既填补了出土文物的缺环，又显示了我国追索海外流散文物的决心和能力。

从 2015 年开始，考古工作者对位于湖北省荆门市京山市坪坝镇西侧的苏家垄遗址群再次进行了系统勘探与发掘，确认这是一处包括墓地、居址、冶炼作坊的曾国大型城邑，遗址时期为西周晚期至春秋早期。

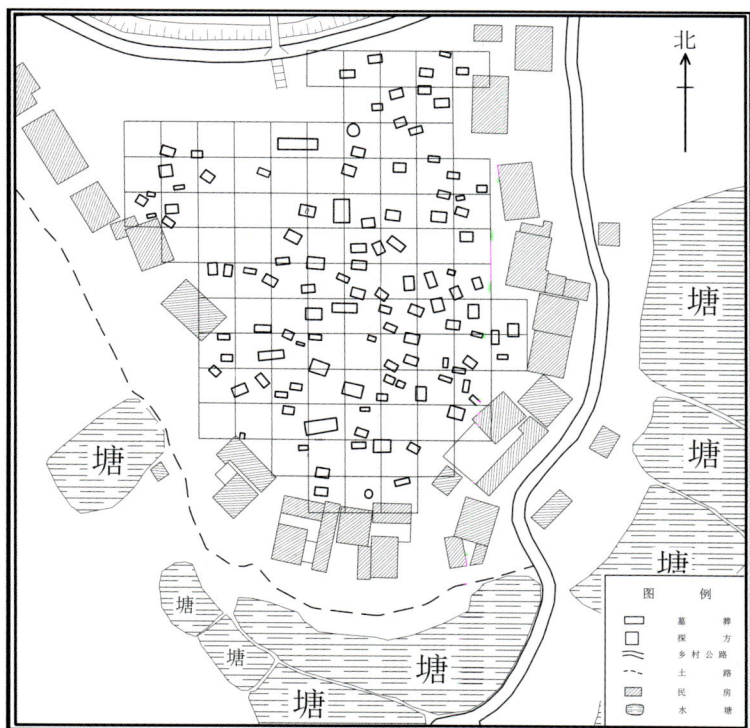

◎ 苏家垄墓地南区墓葬分布图

◎ 苏家垄墓地南区全景

2015 年至 2017 年，考古工作者对苏家垄墓地南部岗地进行了系统的科学考古发掘，清理了墓葬 101 座、车马坑 2 座，通过出土的相关随葬品判断，墓地的具体年代为两周之际至春秋早中期。这批墓葬保存较好，几乎没有被盗，均为竖穴土坑墓。葬具保存状况不佳，主要为 1 椁 1 棺。随葬品多放置在棺椁之间，青铜礼器放置有序，组合关系明确。

◎ 苏家垄79号墓全景

◎ 苏家垄88号墓全景

考古工作者在苏家垄遗址发现了曾伯桼（79 号墓）及其夫人墓（88 号墓），夫人墓出土铜壶的铭文与传世的曾伯桼簠内容一致。苏家垄遗址还首次发现大规模曾国冶铜遗存，这些都证明了曾国负有为中央王朝打通东南地区以保证铜料供应的重要使命。

曾伯桼壶

春秋早期

2015 年苏家垄 88 号墓出土

通高 50.2、口径 18.1 厘米

本件器形高大厚重，子口承盖，盖顶有镂空莲瓣形冠，长颈两侧有龙首形耳，耳下垂环。腹部下垂，圈足外侈。盖沿饰一周窃曲纹。颈部和腹部间以一周窃曲纹带区隔。颈部饰一周环带纹，腹部饰两周环带纹。颈、腹部环带纹均在带间饰龙纹。圈足饰环带纹。纹饰边缘凸起，增强了立体感和流动感。铭文位于壶盖、壶腹内壁。壶腹铭文为："唯王八月，初吉庚午，曾伯桼哲圣孔武，孔武元犀，克逊淮夷，余温恭且忌，余为民父母。惟此壶章，先民之尚。余是楙是则，允显允异。用其鐪镣，唯玄其良，自作尊壶，用孝用享于我皇祖，及我文考，用赐匄眉寿，子孙永宝。"盖部铭文与壶腹基本一致，较壶腹铭文首句"唯王八月"少一"王"字，最后少"子孙永宝"四字。

汉东东路墓地与枣树林墓地、文峰塔墓地同属于义地岗墓群，2017年以来，这里的曾国考古工作取得了重大进展。

2017至2018年湖北省文物考古研究所在汉东东路墓地发掘春秋时期墓葬32座，马坑2座，出土青铜礼器400余件，其中有铭文铜器达140余件，铭文有"曾公""曾侯""曾叔孙""曾叔子"等。其中129号墓出土了"曾公"铭文编钟一套20件（镈钟4件、甬钟16件）、编磬2套，墓主为春秋中期曾国国君曾侯得。

汉东东路墓地的发掘成果填补了春秋中期曾侯世系的空白，为研究曾国宗法制度提供了新材料。

◎ 汉东东路墓地110号墓全景

◎ 汉东东路墓地118号墓全景

◎ 汉东东路墓地129号墓编钟出土场景

◎ 汉东东路墓地129号墓出土编钟

2018 至 2019 年，湖北省文物考古研究所在枣树林墓地发掘土坑墓 54 座，马坑、车马坑 7 座，发现了曾公畎及其夫人渔、曾侯宝及其夫人芈加墓。

墓地发现铜礼乐器铭文 6000 余字，是迄今考古发现最大的一批金文资料，其中曾公畎单件铸钟铭文达 312 字，是春秋时期单件青铜器上所见最长的铭文。这些铭文内容与叶家山墓地南公铜簋、文峰塔墓地曾侯與甬钟、苏家垄墓地曾伯桼铜器铭文相印证，再一次证明曾国为西周早期南公的封国，负有镇服淮夷、经略江汉和控制铜矿资源的使命，为研究周王朝开发和经营南方提供了考古新材料。

枣树林墓地的曾侯及夫人墓葬

曾侯墓	墓主	夫人墓	墓主
168 号墓	曾侯宝	169 号墓	芈加
190 号墓	曾公畎	191 号墓	渔

◎ 枣树林墓地190号墓（曾公畎墓）椁室

释文：

唯王五月吉日丁亥，曾公䣄曰：昔在辟不显高祖，克仇匹周之文武。淑淑伯括。小心有德。召事一帝，适怀多福。左右有周，口神其圣。受是不宁，不显其灵，匍匐祗敬。王客我于康宫，乎厥命。皇祖建于南土，蔽蔡

南门，誓应京社，适于汉东。南（『南』字漏刻，据甬钟铭文补）方无疆，涉征淮夷，至于繁阳。曰：邵王南行，舍命于曾，咸成我事，左右有周，赐之用钺，用征南方。南公之烈，吾圣有闻，陟降上下，保埶子孙。曰：呜呼！忱余孺小子，余无谤受，肆余行䣄

邮，卑䣄千休，颙天孔惠，文武之福，有成有庆，福禄日至，复我土疆，择其吉金䤾铝，自作龢铸宗彝，既淑既平，终龢且鸣，以享于其皇祖南公，至于桓庄，以祈永命，眉寿无疆，永保用享。

◎ 曾公䣄镈（M190：35）铭文摹本

2019 年在日本拍卖会上出现一组非法从我国出境的"曾伯克父"青铜礼器。我国政府立即启动流失文物追索行动。在外交努力与刑事侦查合力推动下，曾伯克父青铜组器终于回到祖国的怀抱。

曾伯克父青铜组器，是我国近年来在国际文物市场成功制止非法交易、实施跨国追索价值最高的一批回归文物。

曾伯克父鼎

春秋早期
2019 年追索回国
通高 28.9、口径 24.5 厘米

本件上腹饰重环纹，其下有一周凸棱，下腹部素面无纹。器底有烟炱痕迹。器内壁铸有铭文："伯克父甘娄乃执干戈，用伐我仇敌，乃得吉金，用自作宝鼎，用享于其皇考，用赐眉寿黄耇，其万年子子孙孙永宝用享"。意为伯克父甘娄用讨伐仇敌所得的吉金制作了此鼎，用以祭祀祖先，祈求长寿。

曾伯克父簋

春秋早期
2019 年追索回国
通高 26、口径 18.5 厘米

本件器身两侧有双兽耳，圈足下设三曲状龙足。盖顶中心饰凤鸟纹，外有一周勾连纹。盖器口沿饰窃曲纹，盖顶、器身饰瓦纹，圈足饰垂鳞纹。盖内壁及器底均铸有铭文："唯曾伯克父甘娄自作大宝簋，用追孝于我皇祖文考，曾伯克父其用受多福无疆，眉寿永命，黄耇霝终，其万年子子孙孙永宝用"。"曾伯克父甘娄"为作器者，其中"曾"是国名，"伯"表排行，"克父""甘娄"分别为字与名。

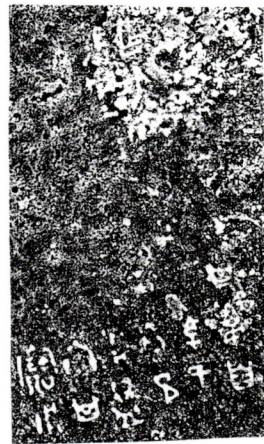

曾伯克父甗

春秋早期

2019 年追索回国

通高 42.5、口径 32 厘米

本件甑、鬲分体。上部为甑，附耳，口沿下及底部
以窃曲纹、夔纹装饰。下部为鬲，附耳与器身有连
接梗，三足作象首形。器底有烟炱痕迹。内壁铸有
铭文："唯曾伯克父甘娄乃用作旅甗，子孙永宝"。

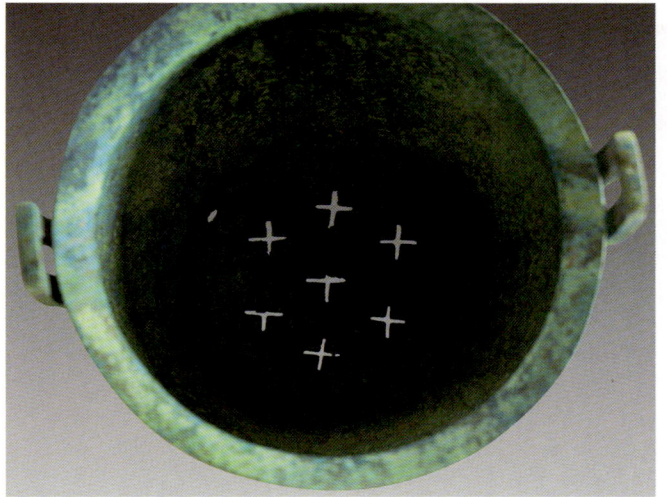

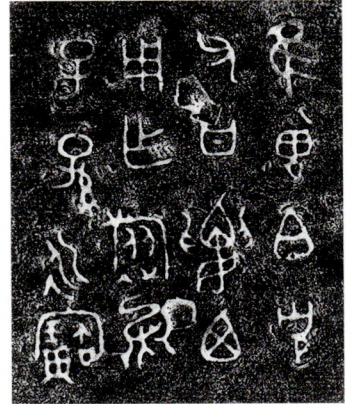

曾伯克父盨（2件）

春秋早期
2019 年追索回国
通高 19、口长 33、口宽 19 厘米

两件盨形制、纹饰基本相同。盖顶有四纽，腹部立有两兽形耳。盖顶部饰夔龙纹，盖器口沿饰窃曲纹，盖顶、器身下腹部装饰瓦纹，圈足以垂鳞纹为饰。盖及内壁均铸有铭文："唯曾伯克父甘娄乃用作旅盨，子孙永宝"。

盨是盛放黍、稷、稻等饭食的器具，流行于西周晚期，春秋早期已罕见，使用时间较短。

第五单元 • 曾国考古新发现

曾伯克父罍

春秋早期
2019 年追索回国
通高 35.4、口径 12.9 厘米

本件侈口，方唇，束颈，溜肩，肩上有对称的半环耳一对，鼓腹、凹底。长颈光素无纹，仅以一条凸棱分隔。肩部设半环耳一对。器身饰大面积的平行竖线纹，并以三角纹交错其中。颈部凸棱下铸有铭文："曾伯克父自作飤罍"。

类似纹饰和形制的罍此前曾出土于随州均川熊家老湾、烟台上夼村西周墓和莱阳中荆乡河前村。

曾伯克父壶（2件）

春秋早期

2019 年追索回国

通高 33、口径 12.1 厘米

两壶形制、纹饰基本相同。盖顶有捉手，束颈，垂腹。
盖顶中心饰凤鸟纹。壶盖饰垂鳞纹与窃曲纹，壶身饰环
带纹、窃曲纹、瓦纹、蝉纹。圈足饰垂鳞纹。盖内及器
身口沿内均铸有铭文："唯曾伯克父自作宝飤壶，用介
眉寿黄耇，其万年子孙永宝用"。